Meditaciones en tiempos de crisis

John Donne

Meditaciones en tiempos de crisis

Traducción de
Ascensión Cuesta

Prólogo de
Vicente Campos

ariel Quintaesencia

Título original: *Devotions Upon Emergent Occasions*

Primera edición: octubre de 2012
Primera edición en esta presentación: octubre de 2025

Avda. Diagonal, 662-664, 08034 Barcelona
Editorial Ariel es un sello editorial de Planeta, S. A.
www.ariel.es
www.planetadelibros.com

ISBN: 978-84-344-3979-5
Depósito legal: B. 16.266-2025

Impreso en España

ÍNDICE

JOHN DONNE, «ANTES MUERTO QUE MUDADO»

Cambiaban las jerarquías divinas y humanas; rodaban testas coronadas sin que los lazos de sangre sirvieran para otra cosa que no fuera incitar a su derramamiento; el frío, las malas cosechas, el hambre y la peste bubónica causaban estragos en un continente que había entrado en una inesperada era casi glacial desde finales del siglo XVI, como si el Dios al que todos apelaban hubiera decidido escarmentar a sus díscolas criaturas. Escaseaban las certidumbres y poco había de inmutable en la Inglaterra de los años en que vino al mundo John Donne. Y tampoco es que ese mundo, ensanchado hacía menos de un siglo, fuera una balsa de aceite: Cervantes acababa de quedarse manco el año anterior al nacimiento de Donne en Lepanto, donde se había puesto fin a la «amenaza» turca en el Mediterráneo..., perspectiva poco tranquilizadora para la Inglaterra isabelina porque, sobre el papel, reforzaba al poderoso imperio español de Felipe II, quien, de príncipe, había estado desposado con María Tudor, llamada, según se terciara, «la católica» o «la sanguinaria». Durante el largo reinado de la nada papista, y sólo un poco menos implacable, hermana de María, Isabel —unánime, y se rumorea que erróneamente, apodada «Reina Virgen»—, la amenaza latente del imperio católico se concretó en la aventura de la que unos llamaron, irónicamente, Armada Invencible, y otros, más prosaicos, la Gran Armada, empresa frustrada por los elementos, o eso se dice, se supone que considerando como tales a una planificación lamentable de una iniciativa descabellada.

La confusión reinante contagiaba a las creencias y hasta al propio lenguaje, enriqueciéndolo, distorsionándolo, con matices bizantinos en los que, a veces, se dirimían legitimidades, reinos, vidas y muertes. La ocultación y la máscara entraron en escena, no por vicio, que diría Sancho, sino por necesidad. Enrique IV de Francia cambiaba de religión y pasaba a la historia: «París bien vale una misa», se dice que afirmó, como ocurrencia delatora. «¿Qué hay en un nombre?», se preguntaba retóricamente el bardo de Avon, cuando bien sabía Shakespeare que el que la rosa floreciera o se marchitara dependía precisamente del nombre que se le diera. El rigorismo de la Reforma y la Contrarreforma ofrecía un conveniente velo para intereses espurios y también para afanes más mundanos: ¿y qué mayor afán que el salvar la propia vida? Hubo quienes prefirieron perderla —la lista sería larga, larguísima, empezando, unos años antes, por el tío bisabuelo de Donne, Tomás Moro—, aferrados a un sentido de la lealtad —o a una lealtad al sentido, si se nos permite el juego de palabras— que ya no encajaba en tiempos de crisis y mudanzas. Pero hubo más que prefirieron aferrarse a la vida, con las máscaras que fuera menester.

Sobre ese fondo áspero, sangriento y volátil creció John Donne en el seno de una prominente familia católica en unos años en que la práctica de esa religión estaba perseguida. Huérfano de padre desde los cuatro años, su madre, ya está dicho, era sobrina nieta de Tomás Moro, y su tío, Jasper Heywood, encabezaba secretamente a los jesuitas en el país y acabaría condenado al exilio perpetuo so pena de muerte. Era la suya una familia de convencidos *recusants* —católicos que se negaban a asistir a los oficios religiosos anglicanos— en días poco propicios para la exhibición pública de una fe que no fuera la del gobernante, pero muy favorables para quienes asumían el martirio como un deber o una vía de redención (y el martirio, según confesión propia, fue uno de los desvelos recurrentes del joven Donne). La persecución religiosa tenía, además, consecuencias sociales y económicas inmediatas: los católicos no podían ocupar cargos públicos ni obtener títulos universitarios, eran sometidos a todo tipo de arbitrariedades —multas, confiscación de propiedades—; y los sacerdotes condenados —así como quienes les hubieran dado refugio— eran ejecutados según un método tradicional y sádico que nada tenía que envidiar a los autos de fe inquisitoriales: se les torturaba, se les ahorcaba, pero se les bajaba del patíbulo con vida, y, aún vivos, se les castraba y evisceraba... y toda esa barbarie a la vista y para regocijo de un público exaltado y, cabría pensar, embrutecido. Eso fue lo que les deparó el destino a los participantes en la denominada *Babington plot*, una conspiración para asesinar a Isabel y poner en el trono a su prima, la católica María Estuardo: torturados, colgados y descuartizados, la brutalidad de la primera serie de ejecuciones —festejadas con fuegos artificiales y repique de campanas en Londres— fue tal que tuvo que intervenir la propia Isabel para que al segundo grupo de ejecutados se les ahorcara hasta morir… antes de eviscerarlos. (María Estuardo sería decapitada al año siguiente.) John Donne era un impresionable —e informado— adolescente de apenas catorce años.

Dadas las circunstancias, públicas y privadas, produce cierto escalofrío contemplar el primer retrato que se conserva de Donne, realizado posiblemente por Nicholas Hilliard y fechado en 1591, cuando tenía dieciocho o diecinueve años: un joven apuesto, todavía imberbe, que mira con resolución, se diría que casi con insolencia, de frente, vestido con elegancia, empuñando una espada y con un pendiente… que es una cruz; por si el mensaje no quedara lo bastante explícito, en la esquina superior derecha se lee, en español, el lema «Antes muerto que mudado». Más que una declaración de principios, tiene mucho de desafío en toda regla al orden, anglicano y puritano, imperante, un desafío que, visto el mundo en que vivía, parecería suicida: hacía tan sólo tres años que se había hundido la Armada de Felipe II y, con ella, las esperanzas de buena parte de los católicos ingleses, y ahí estaba ese jovenzuelo, utilizando la lengua del enemigo para proclamar su lealtad a la fe proscrita.

No es de extrañar que Donne compusiera la primera defensa del suicidio escrita en lengua inglesa, *Biathanatos* («muerte violenta», en griego), un texto anómalo, largo, redactado, como muchos de sus versos, para que circulara sólo entre sus íntimos (se publicaría póstumamente), en el que sostenía, con erudición y múltiples ejemplos, tesis tan sorprendentes, y peligrosas, como el suicidio de Cristo. La rareza de la obra es tal que hasta Borges le dedicaría uno de los «misceláneos trabajos» de *Otras Inquisiciones* (1952).

Orfandad temprana, ostracismo social, un ambiente intelectual y religioso saturado de obsesiones recurrentes como el martirio y el suicidio, un riesgo real, muy real, de perder la propia vida —hacienda nunca la tuvo— si cometía un desliz o las circunstancias se torcían; y, sin embargo, en el retrato, ese joven, arrogante sin razones, rebelde con causa, parece no temer el abismo que bordea.

Sólo lo parece. Para empezar, el retrato no estaba destinado a su exhibición pública, era un grabado en miniatura que Donne podía enseñar, posiblemente para alardear, a personas de su entera confianza sin correr peligro. Sumisión pública, reafirmación privada: una pauta que podría aplicarse a Donne ya desde joven, pero que es un rasgo puramente humano, un signo de prudencia e inteligencia, que permite sobrevivir a cuantos se han sentido rechazados o en peligro. Quienes desprecian la impostura es porque no han tenido necesidad de recurrir a ella.

Así se entiende que el joven Donne, deseoso de reconocimiento, de aceptación, en un ambiente hostil —pues hostiles fueron Oxford, donde estudió en su adolescencia, sin poder obtener título alguno debido a su catolicismo, y, en menor medida, el Lincoln's Inns of Court (una especie de Colegio de Abogados)—, y sabedor de su superioridad intelectual, empiece a escribir sátiras —denuncias moralistas de las corruptelas y los arribistas— y elegías amorosas —lascivas, blasfemas y no precisamente morales—; pero, a la vez, circunscriba esos escarceos literarios a su círculo más íntimo y a sus colegas estudiantes, con la petición expresa de que no hagan copias, e incluso minimice su valor él mismo: la dialéctica entre afirmarse y protegerse se encarna sin contradicción aparente en el Donne de estos años.

Y es entonces cuando el poeta en ciernes, que se declaraba dispuesto a morir antes que mudar, empieza a cambiar, al menos y por el momento, de piel. No hay datos sobre el momento de su apostasía, pero no es descabellado suponer que la muerte de su hermano Henry influyera en la renuncia. Henry había sido detenido por esconder a un sacerdote católico. Encarcelado y torturado en la prisión de Newgate, murió a los pocos días de peste bubónica, que causaba estragos entre los presos. El sacerdote al que había ocultado también fue detenido, ahorcado y descuartizado. Era 1593, John tenía veintiún años, su hermano, uno menos. Estaba claro que, de seguir fiel a sus lealtades católicas, tampoco él cumpliría muchos más.

Sólo tres años más tarde encontramos a John Donne embarcado en sucesivas expediciones navales del conde de Essex contra... los españoles, empresas gracias a las que no sólo elimina las sospechas sobre su dudoso patriotismo sino que, finalmente, traba amistad con los hijos de la nobleza en el poder. Y así entra al servicio, como secretario principal, de sir Thomas Egerton, que era nada menos que el Lord Keeper of the Great Seal, algo así como el Notario Mayor del Reino. Con un más que prometedor futuro por delante, Donne, como si no supiera vivir lejos del abismo, corteja y acaba casándose en secreto con Anne More, sobrina de lady Egerton a finales de 1601. Convencido, quizá, de que podría arreglar la situación a posteriori, lo cierto es que sir Thomas reaccionó despidiéndole; en la carta en la que comunicaba a su reciente esposa el desafortunado giro de los acontecimientos, Donne firma, no se sabe si con ironía o con amargura: «John Donne, Anne Donne, Undone» (todo un síntoma que el joven recurra al ingenio para referirse a lo que significaba, al fin y al cabo, el desbaratamiento de sus expectativas de vida). Inesperadamente, Donne se había quedado en la calle; su carrera profesional, apenas iniciada, había llegado abruptamente a su fin y, durante los trece años siguientes, tendría que ganarse la vida a salto de mata, siempre entre penurias, dependiendo de la buena voluntad de parientes, amigos y mecenas, con una familia creciente: tendría doce hijos —dos mortinatos— en los dieciséis años siguientes, y probablemente hubiera tenido más de no haber fallecido su atribulada esposa, que murió tras un parto.

Es a lo largo de estos años, acogiéndose a la generosidad de sucesivos mecenas y admiradores, también femeninas, cuando escribe *Songs and Sonnets*, una serie de poemas dispersos y diversos en tema y tono, en los que el poeta apenas oculta su angustia existencial —el abandono del catolicismo había sido una decisión definitiva y meditada, pero el espectro de la duda era difícilmente eludible, por no hablar de las consecuencias más personales en las relaciones con su familia y amigos católicos— y sus más prosaicos desasosiegos. Y también en estos versos Donne desarrolla su dominio de lo que, con mayor o menor fortuna, se ha dado en denominar *metaphysical conceit*, una metáfora ampliada, emparentada con el conceptismo continental, que combina términos dispares e inconexos para producir una imagen o una idea poderosa y deslumbrante; una innovación en la poesía inglesa de la época, demasiado sujeta todavía a formas tradicionales.

Pese a la buena posición e influencia de sus protectores, Donne ve rechazadas sistemáticamente sus solicitudes de cargos públicos, así que, con reticencias porque nunca había sido ese su deseo, entra en la Iglesia de Inglaterra y se ordena sacerdote, atendiendo a la petición del propio rey Jacobo I —que, todo sea dicho, no lo quería en la corte—. Ese mismo año, 1615, Cambridge le concede un doctorado honorario en Teología, y, tras diversos cargos menores, en 1621 es nombrado deán de San Pablo, un destino importante —y, por fin, bien pagado— en la jerarquía anglicana. Y desde ese púlpito literal, Donne muta de nuevo: se convierte en un predicador desatado, azote de heterodoxos, defensor a ultranza de Jacobo I y sus políticas más represivas y conservadoras, conformista y doctrinario hasta la asfixia, como si quisiera ofrecer una imagen invertida del joven que había sido. Sin embargo, el retrato sería incompleto de quedarse en la literalidad de los sermones: en el fondo de muchas de esas diatribas siguen latiendo la duda, las contradicciones y paradojas que le han perseguido durante toda su vida, por no hablar de las ingeniosas pullas irónicas y alguna que otra maledicencia.

A finales de 1623, Donne enferma gravemente, no sé sabe a ciencia cierta de qué, tal vez tifus, tal vez un resfriado o fiebres mal curadas. Durante su convalecencia, el postrado poeta y pastor, grafómano siempre atento a sí mismo, redacta *Devotions upon Emergent Occasions and Several Steps in My Sickness*, obra que contiene 23 «devociones» que relatan, por orden, las fases de su enfermedad, cada una dividida en una *Meditation* («Meditación»), una *Expostulation* («Debate» o «Disquisición») y una *Prayer* («Oración»). Son las 23 meditaciones las que se recogen en esta traducción.

Pese al título, poco tienen que ver estos breves textos con obras clásicas de encabezamiento similar pero pretensiones muy distintas y procedentes de universos culturales más remotos de lo que parece; no hallará aquí el lector rastro del estoicismo de Marco Aurelio ni de Boecio, poco consuelo ni, menos aún, una guía para la vida buena. Más bien nos encontramos, puestos a categorizar, ante una especie de dietario *avant la lettre*, el dietario de un enfermo que refleja, con minuciosidad, las fases de su dolencia casi día a día —según parece, fue tomando notas durante la enfermedad y compuso el texto ya convaleciente—, desde la sorpresa inicial al temor a la recaída una vez recuperado.

La mirada de Donne es precisamente eso, una mirada, un ejercicio de observación casi empírico que atiende a las reacciones del cuerpo y de cuanto le rodea, que se desconcierta ante la irrupción del mal (con minúscula), inesperado invitado que siembra el caos en el frágil orden de su vida, se demora en los síntomas y el progresivo deterioro físico, reseña la prolongada postración, el insomnio, la llegada de los médicos, sus actitudes, la evolución de la enfermedad, el miedo —siempre el miedo— y el aislamiento del enfermo, los signos de curación…; y Donne no sólo mira, también oye —el oído es el sentido menos debilitado por la afección—: oye a los médicos, oye el rumor de sus propios pensamientos y oye, en fin, doblar las campanas de la iglesia vecina.

Pero no se trata sólo de una descripción fisiológica de la enfermedad ni de sus devastadoras repercusiones en la vida cotidiana: las meditaciones de Donne requieren esas morosas observaciones —tan lúcidas, tan precisas, tan personales y, a la vez, tan comunes y reconocibles en la experiencia de todos— para levantar el vuelo y generalizar, para dar el salto, por así decir, de la física a la «metafísica». Una «teología» *sui generis*, consciente de sí, pintoresca a veces, pero impregnada de un peculiar materialismo prematerialista —deudor posiblemente de la imaginería barroca del poeta que era—, cargada de intuiciones deslumbrantes: el cuerpo como finca arrendada cuyo cultivo y cuidados nunca son suficientes; los reyes igualados a los más viles de sus súbditos por los quebrantos de la salud; los dioses representados con todas las pasiones y afecciones humanas, salvo una, la enfermedad; la inquietante sospecha de que ser consciente de los propios males tiene como consecuencia su multiplicación... Las imágenes de Donne son intensas y perdurables, no iluminan fugazmente, como fuegos artificiales, sino que persisten como bengalas sobre un campo de una batalla que todos sabemos perdida de antemano.

Con un vocabulario sencillo, aun en estas páginas de concentrada prosa, el genio del poeta se eleva por encima de sus propias contradicciones latentes o explícitas (¿es la enfermedad un reproche del Señor, un error accidental o una circunstancia inherente al hecho de ser humano?, ¿es la curación una gracia divina o un alargamiento de una condena?), cuando no saca provecho de ellas, y exprime asociaciones de ideas e imágenes con una soltura pasmosa, metáforas y comparaciones de una riqueza abrumadora, potentes y, a la vez, extrañamente precisas y contenidas (son raras las ocasiones en que Donne cae en las hipérboles que lastran a otros poetas de su época). No es de extrañar que se haya convertido en una fuente inagotable de citas brillantes, pequeñas perlas bruñidas que, aun descontextualizadas, siguen conservando su fuerza..., y dando lustre a páginas ajenas.

Baste recordar el que probablemente sea el fragmento más famoso, y citado, de este opúsculo, de la Meditación decimoséptima: «Ningún hombre es una isla, completa en sí misma; cada hombre es un pedazo del continente, una parte del todo; si el mar se lleva un trozo de tierra, Europa mengua, como si fuese un promontorio, como si fuese la casa solariega de tus amigos o la tuya. La muerte de cualquier hombre me disminuye, pues soy parte de la humanidad. Y, por lo tanto, nunca mandes a nadie preguntar por quién doblan las campanas, pues doblan por ti». Pero la sombra de Donne es alargada y se encuentran ecos de sus sentencias hasta en los autores más insospechados: «La vejez no es una batalla; la vejez es una masacre», «La vejez es una enfermedad, la juventud es una trampa»; la primera cita es de *Elegía*, de Philip Roth, la segunda está extraída de la Meditación séptima...

Tras la recuperación de la enfermedad, el deán volvería al púlpito, y seguiría gozando del favor del nuevo rey, Carlos I, en cuya corte predicaría, hasta su muerte, en 1631, a los cincuenta y nueve años. El Donne de este último periodo es un hombre maduro, que oscila entre sentidas y casi delirantes manifestaciones de fe y una conciencia clara de su propia posición privilegiada, teñido todo de un sutil matiz de amarga ironía. En un sermón fechado en 1627, Donne, en una de sus múltiples confesiones personales más o menos encubiertas, da una de las claves de su poética y, de paso, de su biografía. No sólo de lo perdido canta el poeta ni de lo divino el hombre santo, los motivos, nos dice este deán maduro y resabiado, con una conciencia psicológica ya plenamente moderna, son mucho más mundanos: «Hacemos sátiras, y esperamos que el mundo las llame ingenio; pero Dios sabe que se trata en gran medida de la expresión de un sentimiento de culpa, y que sólo reprobamos aquello que nosotros mismos hemos hecho, que clamamos contra los males de estos tiempos, pero somos nosotros los que los emponzoñamos, y así, el calumniador susurra censurando aquello que a nadie define tanto como a él mismo». No somos nada, o casi nada.

Se conserva, del postrer año de su vida, otro retrato, el último, que resulta no menos elocuente que el primero, la miniatura de su juventud. En éste, aparece un Donne envejecido, demacrado, con los ojos cerrados, envuelto en lo que parece un sudario, enmarcado en un óvalo en el que ya no está inscrito ni lema ni declaración, sólo su nombre y su cargo eclesiástico. Parece un cadáver..., pero no lo es, al menos no estrictamente: el poeta encargó el cuadro unos meses antes de morir, con la intención de salir reflejado tal como esperaba verse... al resucitar; y no sólo eso sino que lo colgó en la pared como recordatorio de la fugacidad de la vida. Colocados el uno al lado del otro, ambos retratos ofrecen una imagen perturbadora: el patente deterioro físico recuerda, sí, la fugacidad de la vida, su esencial contingencia; pero el asombroso parecido, pese a la huella devastadora de los años, pese al gesto y el porte tan distintos, apunta, por extraño que resulte, a una permanencia no menos esencial, a una identidad inmutable más allá de todos los accidentes…, menos del último. Donne murió y mudó.

VICENTE CAMPOS

1591

1631

DEDICATORIA

Al príncipe más excelso,
Carlos

Su Excelencia:

He nacido tres veces: una, de forma natural, cuando vine al mundo; otra, sobrenatural, cuando me ordené sacerdote; y ahora he nacido de forma preternatural, al volver a la vida de esta enfermedad. En mi segundo nacimiento, el rey y padre de Vuestra Alteza se dignó a concederme su mano, no sólo para sustentarme, sino también para guiarme en mi ministerio. En este último nacimiento, yo mismo he nacido padre, y este hijo mío, este libro, viene al mundo, de mí, y conmigo. Y por eso tengo el atrevimiento (como padre, al Padre) de presentar el hijo al Hijo; de ofrecer esta imagen de mi humillación, a la vivaz imagen de Su Majestad, a Su Alteza. Habría de bastarme con que Dios haya escuchado mis devociones; pero los ejemplos de los buenos reyes son mandamientos, y Ezequías escribió las meditaciones de su enfermedad, después de su enfermedad. Además, del mismo modo que he vivido para ver (no sólo como un testigo, sino como participante) la felicidad de una parte de los tiempos de vuestro real padre, quiera que también viva (a mi manera) para presenciar la felicidad de los tiempos de Vuestra Alteza, si este hijo mío, animado por vuestra graciosa aceptación, preserva por mucho tiempo viva la memoria de éste,

el más humilde y devoto servidor de Vuestra Alteza,

John Donne

Insultus morbi primus

Primera alteración y primer asalto de la enfermedad

PRIMERA MEDITACIÓN

¡Variable y por lo tanto miserable condición la del hombre! En este instante estoy bien y mal en este otro. Me ha sorprendido un cambio repentino, una alteración hacia lo peor, y no puedo atribuirla a causa alguna ni darle nombre. Estudiamos la salud, argumentamos sobre nuestros alimentos, nuestras bebidas, sobre el aire, el ejercicio, y tallamos y pulimos cada una de las piedras que componen este edificio, y de esta manera nuestra salud es un trabajo largo y constante, pero en un minuto un cañonazo lo echa todo por tierra, lo derriba todo. Una enfermedad que toda nuestra diligencia no ha podido prevenir, que toda nuestra curiosidad no ha podido contemplar, esto es, que no merecemos a causa de nuestros desmanes, nos convoca, nos atrapa, se apodera de nosotros y nos destruye en un momento. Ay, miserable condición del hombre, que no ha sido designio de Dios, pues, siendo él mismo inmortal, había puesto un ascua, un rayo de inmortalidad en nosotros del que podríamos haber hecho brotar una llama, pero apagamos el ascua con nuestro primer pecado; nos arruinamos buscando falsas riquezas y nos llenamos de vacío buscando un conocimiento falso. Con tanta maestría lo hicimos que ahora no sólo morimos sino que lo hacemos en el suplicio, morimos con el tormento de la enfermedad y ya no sólo eso, además nos afligimos con antelación, nos afligimos en extremo por ese celo, esa suspicacia, esa aprensión de la enfermedad antes de que podamos llamarla enfermedad. No estamos seguros de estar enfermos; una mano le pregunta a la otra, tomándole el pulso, y nuestros ojos le preguntan a nuestra orina: «¿Cómo estamos?». ¡Ay, miseria y más miseria! Nos morimos y no podemos aprovecharnos de la muerte porque morimos con el tormento de la enfermedad; nos atormenta la enfermedad y no podemos esperar la llegada de los tormentos sin que las aprensiones previas y los presagios nos profeticen los tormentos que nos llevan a la muerte antes de que nos llegue la hora. Y nuestra disolución se concibe ahí, en esos primeros cambios, adquiere vida durante la propia enfermedad y nace verdaderamente en la muerte, que ha empezado con esos primeros cambios. ¿Es un honor exclusivo del hombre ser un pequeño mundo, sufrir esos terremotos en sí mismo, sacudidas súbitas; esos rayos, iluminaciones súbitas; esos eclipses, ahogos repentinos y ofuscación de los sentidos; esas estrellas fugaces, exhalaciones súbitas enardecidas; esos ríos de sangre, súbitas aguas enrojecidas? ¿Es acaso un mundo por sí mismo solamente en eso: tener lo suficiente en él no sólo para destruirse y ejecutarse él mismo, sino también para presagiar esa ejecución sobre sí mismo, para ayudar a la enfermedad, para anticipar la enfermedad, para volver a la enfermedad aún más irremediable a través de tristes aprensiones y así, como si quisiese avivar con más violencia el fuego echando agua en las brasas, envolver una fiebre ardiente con fría melancolía por temor a que la fiebre sola sin esa ayuda no destruya con la suficiente rapidez, ni concluya su trabajo (que es la destrucción) si no unimos la enfermedad artificial de nuestra melancolía con nuestra fiebre natural y a la vez tan poco natural? ¡Oh, perpleja descomposición, oh, enigmático desorden, oh, miserable condición del hombre!

Post actio laesa

La vitalidad, el funcionamiento de los sentidos y las demás facultades cambian y fallan

SEGUNDA MEDITACIÓN

Los cielos no son menos constantes debido a su continua mudanza, a su continuo movimiento en una sola y misma dirección. La tierra no es más constante, pues permanece continuamente inmóvil, pues cambia continuamente y se funde por todas partes. El hombre, que es la parte más noble de la tierra, se funde como si fuese una estatua no ya de barro sino de nieve. Vemos que su propia envidia lo derrite, lo consume; dirá que la belleza de otro lo hace fundirse, pero siente que una fiebre no le hace fundirse como si fuera nieve sino que lo licua cual acero, cual hierro, cual cobre vaciados en un horno de fundición; no sólo le hace fundirse sino que lo calcina, lo reduce a átomos y a cenizas, no a agua sino a cal. ¿Y a qué velocidad? En menos tiempo del que tardas en recibir la respuesta, en menos de lo que tardas en plantear la pregunta. La tierra es el centro de mi cuerpo, el cielo es el centro de mi alma; estos dos son los lugares naturales de aquéllos, pero aquéllos no van hacia estos dos al mismo ritmo; mi cuerpo cae sin que se le empuje, mi alma no se eleva sin que se tire de ella; la ascensión es el ritmo y la medida de mi alma, la precipitación lo es de mi cuerpo. Incluso los ángeles, cuya residencia está en el paraíso, y que además poseen alas, tenían una escalera con escalones para ir al paraíso. El sol, que recorre tantas leguas en un minuto, las estrellas del firmamento, que aún recorren más, no van tan deprisa como va mi cuerpo hacia la tierra. En el mismo instante en que noto el primer asalto de la enfermedad, siento su victoria, en un abrir y cerrar de ojos apenas veo; al instante, el gusto se torna insípido y necio; al instante se pierde todo apetito y todo deseo; al instante las rodillas se doblan y debilitan; y, al instante, el sueño, que es la imagen, la copia de la muerte, me es arrebatado para que el original, la propia muerte, pueda sustituirlo y así muera yo para la vida. Formaba parte del castigo de Adán: «Ganarás el pan con el sudor de tu frente». Para mí el castigo se ha multiplicado, he ganado el pan con el sudor de mi frente, por el trabajo hecho por mi vocación, y tengo el pan, pero sigo sudando una y otra vez desde la frente hasta la punta de los pies, y no pruebo el pan, no consumo alimento alguno. ¡Mísera es la distribución que hay en la humanidad, la mitad carece de viandas y la otra mitad de estómago!

TERCERA MEDITACIÓN

Sólo se le atribuye un privilegio y una ventaja al cuerpo del hombre respecto al de las demás criaturas con capacidad de movimiento: no tener, como los demás, que arrastrarse, sino estar dotado de una forma esbelta y vertical concebida y hecha de forma natural para la contemplación del cielo. En realidad, es una forma de agradecimiento, que recompensa a esa alma que la ofrece elevándola unos pies hacia el cielo. Las demás criaturas miran hacia la tierra, y ésta no es un objeto indigno, no es una contemplación indigna del hombre, pues a ella el hombre ha de volver; pero comoquiera que el hombre no debe estar aquí como las demás criaturas, el hombre, de forma natural, tiende a la contemplación de ese lugar que es su morada, el cielo. Ésa es la prerrogativa del hombre, pero ¿en qué estado se halla en esta dignidad? Una fiebre puede hacer que se desmorone, una fiebre puede derrotarlo, una fiebre puede hacer que la cabeza que ayer llevaba una corona de oro, hoy se halle a cinco pies de una corona funeraria, tan abajo como sus pies. Cuando Dios insufló al hombre el aliento vital, lo encontró echado en el suelo, cuando vuelve para quitarle ese soplo lo prepara acostándolo en su lecho. No hay prisión tan estrecha que no permita al prisionero dar dos o tres pasos. Los anacoretas que se encerraban en los árboles huecos o se emparedaban en paredes huecas, o ese perverso que se encerró en un tonel, todos ellos podían estar de pie o sentarse y disfrutar de un cambio de postura. Un lecho de enfermo es un modelo de tumba, y todo lo que el paciente dice allí no es más que una variación de su epitafio. El lecho de todas las noches es un modelo de tumba. Cada noche decimos a nuestros criados a qué hora nos levantaremos, aquí no podemos decirnos qué día, qué semana, qué mes. Aquí la cabeza está tan abajo como los pies, la cabeza de la gente está tan abajo como la de aquellos a los que pisaban, y aquella mano que firmaba gracias está demasiado débil para pedir la suya, si la pudiera obtener levantándola. Cadenas extrañas son las de los pies, esposas extrañas las de las manos, si cuanto más sueltos están los lazos que atan los pies y las manos, más fuertes son sus ataduras; si cuanto más relajados están los músculos y los ligamentos, menos capaces son de realizar sus funciones. En la tumba, puedo hablar a través de las piedras, con la voz de mis amigos y el tono de esas palabras que su amor concede a mi recuerdo; aquí soy mi propio fantasma, y, más que instruirlos, asusto a los que me observan. Ahora ellos piensan en lo peor en cuanto a mí, y, sin embargo, todavía temen más; ahora me dan por muerto, y, sin embargo, se preguntan cómo me encuentro cuando a media noche están en vela, y se preguntan cómo estaré mañana. Miserable (si bien común a todos) e inhumana postura, en la que debo ejercitarme para yacer en la tumba permaneciendo acostado quieto, y no puedo ejercitarme para la resurrección al no poder ya levantarme más.

CUARTA MEDITACIÓN

Es demasiado poco tener al hombre por un pequeño mundo; fuera de Dios, el hombre es un diminutivo de la nada. El hombre consta de más piezas, de más partes que el mundo; de las que tiene el mundo y que es el mundo. Y si esas piezas estuvieren extendidas y estiradas en el hombre como lo están en el mundo, el hombre sería el gigante y el mundo el enano, el mundo sería solamente el mapa, y el hombre el mundo. Si todas las venas de nuestros cuerpos estuvieren desplegadas en ríos, todos los nervios en vetas de minas, todos los músculos que se entrecruzan en colinas, todos los huesos en canteras de piedra y todas las otras piezas en la proporción que les corresponde en el mundo, el espacio sería demasiado pequeño para que este planeta constituido por el hombre se desplazase en él, y el firmamento casi no bastaría para esta estrella; pues al igual que no hay nada en todo el mundo que no corresponda a algo del hombre, hay muchas piezas en el hombre que no tienen representación alguna en el mundo. El hombre amplía esta reflexión a ese gran mundo hasta considerar la inmensidad de las criaturas que ese mundo genera: nuestras criaturas, que son nuestros pensamientos, criaturas que nacen gigantes, que van del este al oeste, de la tierra al cielo, y que no solamente están a caballo entre el mar y la tierra firme sino que llegan al sol y al firmamento en un instante. Mis pensamientos lo alcanzan todo, lo abarcan todo; misterio inefable: yo, su creador, estoy en una prisión angosta, en un lecho de enfermo, en cualquier sitio, y la más pequeña de mis criaturas, el más pequeño de mis pensamientos, está con el sol y más allá del sol, traspasa el sol y rebasa el sol con un paso, en un instante, en cualquier lugar. Y al igual que el otro mundo produce serpientes y víboras, criaturas malignas y venenosas, gusanos y orugas que se esfuerzan en devorar el mundo que las produce, monstruos compilados y complicados de diferentes padres y especies, también este mundo que somos nosotros produce todo eso dentro de nosotros provocando malestares y enfermedades venenosas e infecciosas, enfermedades devoradoras y destructoras, enfermedades múltiples y enrevesadas, compuestas por varias de ellas. ¿Y puede ese otro mundo citar tantas criaturas venenosas, destructoras y monstruosas como nosotros enfermedades de todo tipo? ¡Ay, miserable abundancia, ay, pordioseras riquezas! ¡Cómo no estar lejos de encontrar remedios para cada enfermedad si ni siquiera se han encontrado nombres para ellas! Pero tenemos un Hércules para estos gigantes, estos monstruos: ése es el médico. Reúne a todas las fuerzas del otro mundo para socorrer a éste, a toda la naturaleza para aliviar al hombre. Tenemos al médico, pero no somos el médico. Aquí nos empequeñecemos, perdemos nuestra dignidad frente a criaturas muy viles que son su propio médico. Se dice que el ciervo perseguido y herido conoce una hierba que, al comerla, hace expulsar la flecha: extraño vómito. El perro que lo caza, aunque proverbialmente propenso a la enfermedad, conoce la hierba que lo cura. Y si bien quizá sea cierto que el oficio de droguero sea tan cercano al hombre como a otras criaturas, y que es posible que productos visibles y fácilmente accesibles lo curen, el de boticario no le es tan cercano ni tampoco le es tan cercano el de médico. El hombre no tiene ese instinto innato de esas criaturas inferiores para aplicar dichas medicinas naturales cuando se presenta el peligro; no es su propio boticario ni su propio médico como lo son ellas para sí mismas. Recuerda por tanto de nuevo tu meditación y rebájala: ¿en qué se convierten la gran amplitud y la dimensión del hombre cuando se encoge y queda reducido a un puñado de polvo?, ¿en qué se convierten sus pensamientos seductores, sus pensamientos aglutinadores cuando el hombre se lleva a sí mismo a la ignorancia, a la falta de pensamiento de la tumba? Sus enfermedades son suyas, pero no lo es el médico: las enfermedades las tiene en su casa, pero al médico lo tiene que llamar.

QUINTA MEDITACIÓN

Al igual que la enfermedad es la mayor miseria, la mayor miseria de la enfermedad es la soledad, cuando el contagio de la enfermedad disuade de acercarse a mí a los que me debieran asistir, e incluso el médico apenas se atreve a acercarse. La soledad es un tormento que ni siquiera nos amenaza en el infierno. En cuanto al vacío absoluto, no lo admiten ni el primer agente, Dios, ni el primer instrumento de Dios, la naturaleza; nada puede estar completamente vacío; y no les gusta algo de grado tan cercano al vacío como la soledad, como ser sólo uno. Cuando estoy muerto y mi cuerpo podría contagiar, tienen un remedio, me pueden enterrar; pero cuando solamente estoy enfermo y podría contagiar, no tienen más remedio que su ausencia y mi soledad. Es una excusa para los que son mayores, que fingen y les cuesta acercarse porque podrían convertirse en instrumentos transmisores de la infección a otras personas con su proximidad; y es una exclusión, una excomunión del paciente, que lo separa de todos los oficios, no solamente civiles, sino también de las obras de caridad. Una larga enfermedad al final cansa a los amigos, pero una enfermedad pestilenciosa los ahuyenta desde el principio. El propio Dios puede admitir que se le compare con una sociedad, ya que hay pluralidad de personas en Él aunque haya un solo Dios; y todas sus acciones exteriores dan muestras de amor por la sociedad y por la comunión. En el cielo hay cofradías de ángeles, ejércitos de mártires, y en esa casa muchos domicilios; sobre la tierra, familias, ciudades, iglesias, colegios, todo son cosas plurales; y por miedo a que ninguno de los dos forme una compañía insuficiente por sí sola, se da una asociación de ambos, una comunión de los santos que hace de la Iglesia militante y de la Iglesia triunfante una sola parroquia, hasta el extremo de que Cristo no se hallase fuera de su diócesis cuando estuvo en la tierra, ni fuera de su templo cuando estuvo en nuestra carne. Dios, que vio que todo lo que había creado era bueno, nunca estuvo tan cerca de hallar un defecto en su obra como cuando vio que no era bueno que el hombre estuviese solo; por eso creó una ayuda para él, que lo ayudaría de manera que multiplicaría el número, le ofrecería su compañía y una sociedad más extensa. Los ángeles, que no se reproducen ni multiplican, fueron creados en un principio en gran número, así como las estrellas; mas para las cosas de este mundo, su bendición fue: «¡Multiplicaos!»; pues pienso, y no necesito pedir permiso para pensar, que no existe Fénix alguno, nada que sea único, nada que esté solo. Los hombres que solamente se fijan en la naturaleza están tan lejos de pensar que existe algo único en este mundo, como de creer que este mundo en sí mismo es único, y piensan más bien que cada planeta, cada estrella es otro mundo como éste. Encuentran razones para concebir no sólo una pluralidad en cada especie del mundo, sino una pluralidad de mundos; tanto que los que aborrecen la soledad no son solitarios, pues Dios, la naturaleza y la razón se coaligan contra ella. Ahora, un hombre podría hacer pasar la peste por un deseo, y tomar una enfermedad por religión, retirándose, apartándose de todos los hombres, para así no hacer bien a ningún hombre ni conversar con ningún hombre. Dios tiene dos testamentos, dos voluntades, pero es un inventario, que no es de él, y un codicilo, que no es de él, y que no está en el cuerpo de sus testamentos, sino añadido entre líneas y en los *post scriptum* hechos por otros: que la vía hacia la comunión de los santos debiera ser de una soledad tal que excluyera cualquier manera de hacer el bien en este mundo. Es una enfermedad de la mente, como la cúspide de una enfermedad infecciosa del cuerpo es la soledad, ser dejado solo: pues vuelve al lecho infeccioso no ya igual sino peor que una tumba, ya que si bien en los dos estoy de forma semejante solo, en el lecho lo sé y lo siento, y no en la tumba, y también porque en mi lecho mi alma está siempre en un cuerpo infeccioso, mientras que no será así en mi tumba.

SEXTA MEDITACIÓN

Observo al médico con la misma diligencia que él observa la enfermedad; veo que se asusta y yo me asusto con él; lo supero y lo rebaso en su temor, y cuanto más lento es su ritmo, más rápido voy yo; cuanto más disimula su miedo, más miedo tengo yo, y cuanto menos quiere él que lo vea, más nítidamente lo veo yo. Sabe que su miedo no perturbará la práctica y el ejercicio de su arte, pero sabe que mi miedo puede perturbar el efecto y la eficacia de su práctica. Igual que las afecciones del bazo se mezclan con todas las dolencias del cuerpo, igual que el miedo impregna todas las acciones y pasiones de la mente; e igual que el viento en el cuerpo remeda todas las enfermedades, y se asemeja a la piedra y a la gota, así el miedo remeda todas las enfermedades de la mente: se parecerá al amor, el amor posesivo, y sólo será miedo, un miedo celoso y suspicaz con la pérdida; se parecerá a la valentía despreciando e infravalorando el peligro, y sólo será miedo, y no hay sino miedo en la sobrevaloración de la opinión y de la estima, un miedo a perderlos. El hombre que no teme a un león, teme a un gato; otro que no teme al hambre teme a un trozo de carne que le ponen en la mesa para alimentarse; otro que no teme el ruido de los tambores, ni el de las trompetas o los disparos de fusil, ni el de aquellos a los que intentan ahogar, los últimos gritos de los hombres, teme un instrumento armonioso: lo teme tanto que el enemigo podría llevarse a ese hombre, por lo demás bastante valiente, fuera del campo de batalla. No sé qué es el miedo y no sé de qué tengo miedo ahora; no tengo miedo de la inminencia de la muerte, y, sin embargo, tengo miedo del avance de la enfermedad; contradiría a la naturaleza si negase que ello me asusta, y si dijese que me da miedo la muerte contradiría a Dios. Mi debilidad procede de la naturaleza, que tiene una única medida, mi fuerza procede de Dios, que posee y distribuye de forma infinita. Así, igual que todo aire frío no es una glaciación, todo temblor no es una estupefacción, todo temor no es pavor, toda mejoría no es cura, toda conversación no es una resolución, todo deseo de que no sea así no es queja ni desesperación, aunque sea así; pero como el miedo de mi médico no le impide la práctica, el mío no me impide recibir de Dios, del hombre y de mí mismo asistencia y consuelos espirituales, cívicos y morales.

Socios sibi jungier instat

El médico desea que otros se reúnan con él

SÉPTIMA MEDITACIÓN

Hay más miedo y, por lo tanto, más que hacer. Si el médico pide ayuda, la carga se hace más pesada: entonces la enfermedad se crece. Pero debe asimismo de haber un otoño; ya sea el otoño de la enfermedad o el mío, no soy yo quien lo ha de elegir; pero si es el mío, es de los dos. Mi enfermedad no puede sobrevivirme, yo puedo sobrevivirla a ella. De cualquier manera, el hecho de que pida ayuda demuestra su candidez y su ingenuidad; si el peligro es grande, su proceder está justificado, y no esconde nada que exija testigos; y si el peligro no es grande, no es ambicioso, estando tan dispuesto a compartir con los otros los agradecimientos y los honores de esa tarea que ha emprendido solo. No disminuye la dignidad de un monarca por el hecho de delegar una parte de sus ocupaciones en otros; Dios no creó varios soles, pero creó varios cuerpos que dan y reciben luz. Los romanos empezaron con un rey; después llegaron a dos cónsules, y al final volvieron a un dictador; ya sea en uno solo o en varios, la soberanía es la misma en todos los Estados, y no hay más peligro sino más providencia allí donde hay más médicos, como el Estado es tanto más dichoso si se encargan de los asuntos más consejeros de los que puede haber en un solo corazón, por enorme que sea. Las propias enfermedades celebran consultas, conspiran para multiplicarse, se unen unas a otras y se refuerzan mutuamente. ¿Y no vamos a llamar nosotros a un médico para consultar? La muerte aguarda a la puerta de un anciano, aparece y se anuncia; pero la muerte está a las espaldas de un joven y no dice nada. La vejez es una enfermedad, la juventud es una trampa; y necesitamos muchos médicos para poder montar guardia y espiar todas las molestias. No existe casi nada que no haya matado a alguien: un cabello o una pluma lo han hecho; e incluso nuestro mejor antídoto contra eso lo ha llegado a hacer: el mejor cordial ha resultado ser un veneno mortal. Hay hombres que han muerto de alegría y casi han prohibido a sus amigos llorarlos cuando los han visto morirse de risa. Incluso el tirano Dionisio (el mismo, creo, que sufrió tanto después), que no pudo morir por la pena de haber pasado de la categoría de rey a la de miserable plebeyo, murió de una alegría tan misérrima como la de haber sido declarado buen poeta por el pueblo en el teatro. Decimos a menudo que con poco puede un hombre vivir, pero, ay, ¿no puede un hombre morir aún con menos? Por eso es mejor que haya más asistentes. ¿Quién se presenta un día de audiencia para un caso de cierta importancia con un solo abogado? En nuestro funeral no tenemos ningún interés personal; no somos de ninguna ayuda y no tenemos ninguna influencia. E incluso si ciertos pueblos (los egipcios en especial) se construían tumbas mejores que sus casas porque en ellas iban a permanecer más tiempo, ocurre entre nosotros que al de mayor clase que hemos tenido nunca, el Conquistador, se le dejó, en cuanto su alma lo abandonó, no solamente sin nadie para que se ocupase de su sepultura, sino sin sepultura. Quién nos cuidará entonces, lo ignoramos. Mientras podamos, aceptemos toda ayuda posible: los médicos suplementarios no son indicios ni síntomas suplementarios de la muerte, sino asistentes, cuidadores suplementarios de la vida; y alimentan más la imaginación con la razón del consuelo que con la aprensión del peligro. En vez de que uno aporte la instrucción, otro el celo y otro la religión, mejor que todos aporten todo y, ya que en una receta entran muchos ingredientes, que la receta la hagan muchos hombres. Pero ¿por qué alargar tanto mi meditación sobre el hecho de tener ayuda abundante cuando se necesita? ¿No debería acaso orientarse más bien mi meditación hacia la compasión y la conmiseración por el desamparo de los que no tienen ninguna? ¡Cuántos hay más enfermos (quizá) que yo, acostados sobre la desdichada paja de su casa (si se le puede llamar su casa a ese pequeño rincón) y no tienen más esperanza de recibir ayuda cuando se están muriendo que de prosperar cuando están vivos; que tienen tan poca esperanza de ver a un médico como de llegar a oficial después; y cuya existencia es conocida por primera vez por el sacristán que los entierra, que los entierra también en el olvido! Pues únicamente engrosan la lista de muertos en el registro, ya que nunca más oiremos sus nombres, hasta que los leamos en el libro de la vida al lado del nuestro. ¡Cuántos están más enfermos (quizá) que yo y se les deja en hospitales en los que (como pez abandonado en la playa, que ha de esperar la marea) deben esperar la hora de visita del médico y sólo tienen una visita! ¡Cuántos hay más enfermos (quizá) que todos nosotros y no tienen ese hospital que los cobije, ni esa paja para acostarse o para morirse, pero tienen su piedra funeraria bajo los pies y expiran ante los ojos y los oídos de transeúntes más duros que su cama, el empedrado de la calle!, que no prueban nuestra medicina nada más que de forma racionada, para quienes cualquier sopa es tanto como un jarabe, las sobras de nuestros criados tanto como bezoar y las migas de nuestras mesas de cocina tanto como un cordial. ¡Oh, alma mía, cuando no estés suficientemente despierta para bendecir lo bastante a tu Dios por la gracia generosa que te concede al enviarte tanta ayuda, acuérdate de todos aquellos que carecen de ella y ayúdalos a tenerla así como todas esas otras cosas que tanto les hacen falta!

Et rex ipse suum mittit El rey envía a su propio médico

OCTAVA MEDITACIÓN

Siempre que volvemos a esa meditación de que el hombre es un mundo, hacemos nuevos descubrimientos. Que sea él un mundo, y él mismo será la tierra y la miseria el mar. Su miseria (pues su miseria es suya, la suya propia; de las dichas de este mundo él sólo es el inquilino, pero de la miseria es el pleno poseedor; de la felicidad es el campesino y el usufructuario, pero de la miseria, el señor y propietario), su miseria, como el mar, se eleva hasta las colinas y alcanza las partes más alejadas de esa tierra, el hombre, que por sí mismo no es más que polvo coagulado y transformado en tierra por las lágrimas, su materia es la tierra; su forma, la miseria. En este mundo que es la humanidad, el nivel más elevado, las colinas más altas, son los reyes; ¿tienen suficiente linaje y aplomo para sondar este mar y decir: «Es mi miseria tan profunda»? No hay miseria que iguale a la enfermedad, y están sujetos a ella, tanto como sus más viles súbditos. Un vaso no es menos frágil porque lleve representado en él la cara de un rey, y un rey no es menos frágil porque Dios esté representado en él. Constantemente están rodeados de médicos, y, por lo tanto, de enfermedades o, peor que todo eso, del miedo permanente a la enfermedad. ¿Son dioses? Quienes así los llaman no los halagan. Son dioses, pero dioses enfermos, y Dios se nos presenta con no pocas afecciones humanas, y Dios es tildado de colérico, de compungido, de fatigado y de fuerte, pero jamás de enfermo; pues en ese caso podría morir, como los hombres, como nuestros «dioses». El peor objeto de reproche y de desprecio a los dioses paganos es que a veces estaban dormidos; pero unos dioses tan enfermos que no pueden dormir son todavía de una condición inferior. ¿Un dios y necesita un médico? ¿Un Júpiter y necesita un Esculapio? ¿Quién necesita ruibarbo para purgar su bilis y ser menos colérico, setas para purgar la linfa y estar menos somnoliento? De éstos, como dijo Tertuliano de los dioses egipcios, de las plantas y de las hierbas, «que le es dado al hombre contemplar a Dios por haberlos hecho crecer en su huerto», debemos decir de estos dioses que la eternidad (una eternidad de la vida de un hombre) está en la botica y no en su divinidad simbólica. Pero su divinidad se expresa mejor en su humildad que en su elevación, cuando, como Dios, abundante y rebosante de medios para hacer el bien, condescienden a comunicar su abundancia a los hombres según sus necesidades, y entonces son dioses. Ningún hombre está bien si no comprende y no aprecia su bienestar, si no extrae de él alegría y gozo; y cualquiera que sienta esta alegría tiene el deseo de comunicar y de propagar el motivo de su felicidad y de su alegría, pues a todos los hombres les gusta tener testigos de su felicidad; y los mejores testigos son los que tienen experiencia, los que han probado ellos mismos aquello que nos hace felices. Esto consuma y completa la felicidad de los reyes, conceder, conferir el honor, las riquezas y (en la medida de lo posible) la salud a los que la necesitan.

Medicamina scribunt Después de la consulta recetan

NOVENA MEDITACIÓN

Me han visto, oído, me han hecho comparecer con grilletes y han recibido la prueba; han dibujado mi anatomía, me han disecado y van a hacer una lectura de mí. ¡Oh, qué cosa múltiple y compleja, no, qué cosa caprichosa e inconstante es la ruina, la destrucción! Dios presentó a David tres categorías: la guerra, el hambre y la peste. Satanás las dejó al margen y llevó los fuegos del cielo y los vientos del desierto. Como si no hubiese otra ruina más que la enfermedad, vemos que los hombres del arte apenas pueden enumerar o nombrar todas las enfermedades; todo lo que perturba una facultad o su funcionamiento es una enfermedad. Los nombres no les sirven, ya vengan del lugar al que afecta, como la pleuresía, o del efecto que provoca, como la epilepsia; no pueden deducir el nombre a partir de lo que produce, ni de dónde sale, pero deben sacar un nombre de lo que evoca, de aquello a lo que se parece, y solamente en un punto, de otra forma les faltarían nombres, pues el lupus, el chancro o el pólipo son de ese tipo. Y esta cuestión que es saber si hay más nombres o cosas es tan compleja para las enfermedades como para todas las demás cosas, a menos que no se resuelva fácilmente en este sentido, que hay más enfermedades que nombres. Si la ruina se redujere a este único aspecto de que el hombre no puede perecer nada más que por la enfermedad, el peligro sería infinito, y si la enfermedad se redujere al único aspecto de que no hay más enfermedad que la fiebre, este aspecto sería infinito; pues sobrecargaría y oprimiría la memoria natural, perturbaría y descompondría la memoria artificial de atribuir nombres a tantas fiebres. ¡Qué trabajo tan complicado tienen por lo tanto los que van a consultar para saber qué enfermedad es la mía, y qué fiebre, y qué puede ocasionar, y cómo puede atajarse! Pero incluso en el malestar algo tiene de bueno que el mal permita que se realice una consulta. En muchas enfermedades, lo que no es más que accidental y síntoma de la enfermedad principal es tan violento que el médico debe ocuparse de curarlo, aunque tenga que abandonar (momentáneamente al menos) la curación de la propia enfermedad. ¿Acaso no ocurre lo mismo en los Estados? A veces, la insolencia de los grandes es tal que produce conmociones en el pueblo. La mayor enfermedad y el mayor peligro para la cabeza del Estado es la insolencia de los grandes; sin embargo, hacen que impere la ley marcial, llegan a ordenar ejecuciones en el pueblo, cuya conmoción no era de hecho más que un síntoma, un accidente de la enfermedad principal. Sin embargo, ese síntoma se vuelve tan violento que no deja tiempo para consultas. ¿No ocurre lo mismo con los percances de las enfermedades de nuestra mente? ¿No ocurre sin duda lo mismo con nuestros afectos y nuestras pasiones? Si un hombre colérico está a punto de pegar, ¿tengo que disponerme a purgar su bilis o a parar el golpe? Pero ahí donde cabe la consulta, no se está en el punto de la desesperación. Se consulta para que no se haga nada de forma imprudente, sin consideración; luego recetan, escriben para que no se haga nada a escondidas, con disimulo y sin confesarlo. No siempre es así para las enfermedades del cuerpo; a veces, en cuanto el médico ha puesto un pie en la habitación, ya tiene puesto el cuchillo en el brazo de paciente, al no permitir la enfermedad que la sangre se retenga ni un minuto más, o que se receten otros remedios. Para los Estados y en materia de gobierno ocurre lo mismo: a veces les sorprenden tales accidentes que el magistrado no pregunta lo que se debe hacer según la ley, sino que hace lo que debe hacerse necesariamente en ese caso. Es un mal menor, un mal menor que supone esperanza y alivio cuando podemos recurrir a lo que está escrito, y las medidas pueden ser visibles, ingenuas, inocentes y confesables, pues eso da satisfacción y serenidad. Los que han recibido de mí mismo mi anatomía consultan y concluyen su consulta recetando el tratamiento, el remedio propio y oportuno; pues si tuviesen que volver a sancionarme por cierto trastorno que hubiese ocasionado y provocado, o acelerado y acentuado esta enfermedad, o si debieren recetarme un régimen o ejercicio cuando estuviese mejor, sería antedatar o postdatar la consulta, y no poner un tratamiento. Sería una humillación más que un alivio decirle a un prisionero condenado: «Habría podido vivir si hubiese hecho esto, y si llegase a ser indultado haría bien en adoptar después esta actitud o esta otra». Estoy contento de que sepan (no les he ocultado nada), contento de que hagan consultas (no se ocultan nada unos a otros), contento de que escriban (no le ocultan nada al mundo), contento de que escriban y receten un tratamiento, de que haya remedios para el caso presente.

Lente et serpenti satagunt ocurre re morbo

Juzgan a la enfermedad imperceptiblemente amenazante y se esfuerzan para así hacerle frente

DÉCIMA MEDITACIÓN

Así están las partes de la naturaleza dispuestas unas dentro de otras: los cielos contienen la tierra; la tierra, ciudades; las ciudades, hombres. Y todo es concéntrico: el centro común de todos es la destrucción, la ruina; esto es lo único excéntrico que se ha creado nunca; solamente este lugar, o más bien ese traje que podemos imaginar pero no enseñar, esa luz que es la propia emanación de la luz de Dios, en la que los santos residirán, con la que los santos se emparejarán, es lo único que no se dirige hacia ese centro, hacia la ruina. Lo que no se creó de la nada no está amenazado por esta aniquilación. Todas las demás cosas lo están, incluso los ángeles, incluso nuestras almas; se mueven en los mismos polos, se dirigen hacia el mismo centro; y no se habían vuelto inmortales por la conservación, su naturaleza no podría impedirles zozobrar hacia el centro, hacia la aniquilación. En todo esto (la forma de los cielos, los Estados sobre la tierra y los hombres que hay en ellos lo comprenden todo), los mayores males son los menos visibles; los más imperceptibles en sus medios resultan ser los que más se notan en sus fines. Los cielos tuvieron su hidropesía, sumergieron al mundo, y tendrán su fiebre, quemarán al mundo. De esta hidropesía, el diluvio, el mundo tuvo la presciencia ciento veinte años antes de que llegase, y de este modo algunos se prepararon para él y se salvaron; la fiebre estallará en un instante y lo consumirá todo; la hidropesía no causó daño a los cielos desde los que había caído; no apagó esas luces, no detuvo esos calores, pero la fiebre, el fuego, van a quemar la propia hoguera, a aniquilar a los cielos que la producen. Aunque la estrella Sirio tenga un aliento pestilente, una exhalación infecciosa, como lo sabemos cuando va a aparecer, tenemos cuidado y nos ponemos al abrigo para estar suficientemente protegidos; pero los cometas y las estrellas fugaces, cuyos efectos nadie puede corregir o interpretar su sentido, nadie los ha previsto; ningún almanaque nos dice cuándo se producirán sus efectos pues es el secreto de una esfera que está más alta que la otra; y lo que es más secreto es lo más peligroso. Ocurre lo mismo con las sociedades de los hombres, los Estados y las Repúblicas. Veinte tambores rebeldes no hacen un ruido tan peligroso como el de unos cuantos suspiros de conspiradores escondidos en un rincón. El cañón contra un muro no provoca tanto daño como una mina bajo un muro, ni mil enemigos amenazadores como unos cuantos juramentándose para no decir nada. Dios ha visto muchos pecados graves en su pueblo, en la época del desierto y después, pero los acusó sobre todo de éste: murmurar, maquinar en su corazón desobediencias secretas, mezquindades secretas declaradas contra su voluntad; y éstas son las más mortales y las más perniciosas. Y ocurre lo mismo con las enfermedades del cuerpo; y es mi caso. El pulso, la orina, el sudor se han jurado todos no decir nada, no dar ninguna indicación de enfermedad peligrosa alguna. Mis fuerzas no se han debilitado, no constato que haya disminuido mi energía; mis reservas no desaparecen; no observo repulsa en mi apetito; mi juicio no se ha vuelto absurdo ni necio, no constato que dominen mi entendimiento falsas aprensiones; y, sin embargo, ven invisiblemente, y siento imperceptiblemente que la enfermedad me domina. La enfermedad ha instaurado un reino, un imperio en mí, y tendrá ciertos *arcana imperii*, secretos de Estado, mediante los cuales avanzará y no estará obligada a declarar. Pero contra estas conspiraciones secretas dentro del Estado, el magistrado tiene la tortura; y contra las enfermedades imperceptibles, los médicos tienen a sus examinadores, y a ellos es a quienes recurren ahora.

Nobilibusque trahunt, a cincto corde, venenum, succis et gemmis, et quae generosa, ministrant arts, et natura, instillant	Utilizan cordiales para inmunizar al corazón contra el veneno de la maldad y la enfermedad

UNDÉCIMA MEDITACIÓN

¿De dónde podríamos extraer mejor argumento, prueba más clara de que toda la grandeza de este mundo se basa en la opinión de los otros, y de que no posee realidad alguna en sí misma, ni capacidad de subsistencia si no es en el corazón del hombre? El cual siempre está activo y en movimiento, siempre ocupado, siempre aplicado en hacerlo todo y en proporcionar todas las facultades y los poderes con todo lo que halla en ellos. Pero si un enemigo se atreve a levantarse contra él, en seguida peligra y rápidamente queda derrotado por doquier. El cerebro aguanta más tiempo, y el hígado todavía más, ellos soportan una ocupación; pero un calor excesivo o un calor nocivo hacen estallar el corazón, como si fuese una mina, en un minuto. Y, sin embargo, comoquiera que el corazón tiene un derecho natural y de primogenitura, como es el hijo mayor de la naturaleza que tenemos, la parte que nace primero a la vida en el hombre, y las otras partes, cual hermanos menores o servidores de la familia, dependen de él, por eso se le cuida sobre todo a él, a pesar de no ser la parte más fuerte, al igual que el mayor, a menudo, no es el más fuerte de la familia. Y como el cerebro, el hígado y el corazón no forman un triunvirato en el hombre, una soberanía equitativamente repartida entre los tres para su bienestar, ni entre los cuatro elementos para su propio ser, sino que el corazón sólo ostenta el principado y el trono, como rey, los otros, como súbditos, si bien en un puesto y con una función eminentes, deben intervenir como los hijos hacen con sus padres, como todos hacen con sus superiores de cualquier clase, aunque esos padres o superiores, con frecuencia, no sean más fuertes que los que se someten por obediencia a los que son más débiles. Y esta obligación no se debe a un segundo dictamen de la naturaleza, a consecuencias o conclusiones de la naturaleza o derivadas de ella con el tiempo (como muchas de las cosas que nos limitan por la ley natural, pero no por la ley primera de la naturaleza: así todas las leyes de la propiedad de lo que poseemos se ajustan a la ley natural, que es darle a cada quien lo que le corresponde, mientras que según la ley primera de la naturaleza no existía la propiedad, no había *meum* o *tuum*, sino una comunidad universal de todas las cosas; asimismo, la obediencia a los superiores se ajusta a la ley natural, mientras que en la ley primera de la naturaleza no había superioridad ni magistratura), pero esta participación de todos para asistir al soberano, y de todas las partes al corazón, procede del primerísimo dictamen de la naturaleza, que es, en primer lugar, ocuparnos de nuestra propia conservación, cuidarnos a nosotros mismos ante todo. Por eso, en este momento el médico deja a un lado el cuidado del cerebro y del hígado, pues es posible que sobrevivan sin atenderlos de forma especial, pero no es posible que sobrevivan si perece el corazón. Y así, cuando parece que estamos privilegiando a los otros con tales auxilios, en realidad nos estamos privilegiando a nosotros mismos, y somos el objeto principal de nuestra contemplación. Con ello, todos esos cuidados y celos mutuos sólo recaen de forma accesoria en los otros y su verdadera finalidad somos nosotros mismos. Y tal es el precio y la pena de los reyes: a veces necesitan el poder de la ley para que les obedezcan, y cuando parece que se les obedece de manera voluntaria, los que lo hacen es por interés propio. ¡Qué pequeña es la grandeza del hombre y cuántos espejos deformantes necesita para que se multiplique y magnifique a sus ojos! Pero aún hay otra miseria del corazón, ese rey del hombre, que se aplica igualmente a los reyes de este mundo, los grandes hombres, y es que la ponzoña y el veneno de cada enfermedad infecciosa que se dirige al corazón le afecte (afección perniciosa), y que la malignidad de los hombres enfermos alcance también a los más grandes y a los mejores; y no solamente la grandeza, sino también la bondad pierde su virtud de antídoto o de cordial frente a esto. Y al igual que los cordiales más nobles y generosos que la naturaleza y el arte proporcionan, o pueden prepararse, si se toman regularmente y con el hábito dejan de ser cordiales y de tener ya particular efecto, así el mayor cordial del corazón, que es la paciencia, cuando se ejercita demasiado, refuerza el veneno y la malignidad del enemigo, y cuanto más sufrimos, más se nos insulta. Cuando Dios creó esta tierra a partir de la nada, sólo fue una pequeña ayuda la que tuvo para crear otras cosas a partir de esta tierra: nada está más cerca de la nada que esta tierra, y, sin embargo, ¡el hombre más grande no es más que una pequeña parte de esta tierra! Piensa él que está pisando sobre la tierra, que todo está a sus pies, y el cerebro que piensa así sólo es tierra; la parte más elevada, la carne que lo cubre, no es más que tierra; y la cima de ésta, de la que se enorgullecieron tantos Absalones, sólo es maleza que crece sobre ese trozo de tierra. ¡Qué parte tan pequeña del mundo es la tierra! Pero ¡es todo lo que el hombre tiene o es! ¡Qué parte tan pequeña del hombre es el corazón! Pero es todo por lo que el hombre es: y está permanentemente sujeto no solamente a los venenos extranjeros que aportan los demás, sino a los venenos interiores que producen en nosotros las enfermedades infecciosas. ¿Quién, pues, si pudiere darse cuenta de esta miseria antes de existir, compraría una existencia aquí abajo con estas condiciones?

Spirante columba, suppositas pedibus, revocantur ad ima vapores

Aplican palomas para apartar los vapores de la cabeza

DUODÉCIMA MEDITACIÓN

¿Qué no matará a un hombre si lo mata un vapor? ¿Puede destruir a un elefante tan grande un ratón tan pequeño? Morir por una bala es el pan de cada día de los soldados, pero hay hombres que mueren por los golpes del granizo. Un hombre vale demasiado para ser vendido sólo por dinero, y una vida por algo más del valor de una bagatela. Si el aire se agita con violencia por un trueno o un disparo de cañón, en ese caso la condensación del aire es más densa que el agua, que el agua transformada en hielo, el aire está casi petrificado, casi se vuelve una piedra, y no sorprende que esto mate; pero si sólo es un vapor, y un vapor no impuesto sino respirado, si esto mata, si nuestra nodriza nos asfixia, si el aire que nos alimenta nos destruye, incluso pudiendo ser semiateísmo el quejarse de la naturaleza, que es el emisario directo de Dios, ¿quién no se consideraría miserable al ponerse en manos de la naturaleza, que no solamente hace de él un blanco al que los demás pueden apuntar, sino que se complace soplándole como a un cristal hasta verlo romperse precisamente con su propio soplo? ¿Y si fuéramos a la búsqueda y a descubrir ese soplo, como Plinio fue a la búsqueda del vapor del Etna, y desafió a la muerte, en forma de vapor, e hizo lo peor, y sufrió lo peor y murió por ello?, o si ese vapor apareciese en una emboscada y nos sorprendiese, si saliese de un pozo cerrado durante mucho tiempo, o de una mina abierta recientemente, ¿quién se lamentaría, quién acusaría, cuando no tuviésemos ningún motivo para lamentarnos, ni a nadie más a quien acusar que a la fortuna, que es menos que un vapor? Pero cuando somos nosotros mismos el pozo que espira esa exhalación, el horno que escupe ese humo de fuego, la mina que vomita esa humedad sofocante y asfixiante, ¿quién puede después de esto aumentar su pena por esa circunstancia de que es su prójimo, su amigo íntimo el que lo ha destruido, y lo ha destruido con un suspiro de calumnia, cuando nos infligimos lo mismo con los mismos medios, cuando nos matamos con nuestros propios vapores? O si estas ocasiones de autodestrucción recibiesen alguna aportación de nuestras voluntades, alguna ayuda de nuestras intenciones o más bien de nuestros errores, podríamos repartir las sanciones y reprendernos a nosotros mismos tanto como a ellas. Las fiebres debidas a abusos voluntarios de bebida, las extenuaciones debidas a la intemperancia y al vicio, la locura debida al mal uso o al agotamiento de nuestras facultades naturales, proceden de nosotros mismos, y de tal manera que nosotros mismos somos cómplices, y no actuamos solamente de forma pasiva sino activa en nuestra propia destrucción. Pero ¿qué he hecho yo para producir o para respirar esos vapores? Me dicen que es mi melancolía: ¿he destilado o he absorbido la melancolía en mí? Son mis reflexiones: ¿no he sido creado para reflexionar? Son mis estudios: ¿no me llama a ellos mi vocación? No he hecho nada voluntariamente o perversamente en ese sentido, y sin embargo debo por ello sufrir y morir. Hay demasiados ejemplos de hombres que han sido sus propios verdugos y que lo han hecho todo para serlo: unos han llevado siempre su veneno con ellos, en un anillo hueco del dedo, otros en la pluma que utilizan para escribir; algunos se han hecho pedazos el cráneo en la pared de su prisión, y otros han respirado el fuego de su chimenea; y uno de ellos parece haberse acercado a nuestro caso habiéndose estrangulado mientras tenía las manos atadas, apretándose la garganta entre las rodillas. Pero yo no me inflijo nada, y sin embargo soy mi propio verdugo. Y hemos oído hablar de muertes ocasionadas por pequeñas cosas y por instrumentos baladíes: un alfiler, un peine, incluso un pelo arrancado que se gangrenó, han matado. Cuando digo «un vapor», si me preguntan qué es un vapor, no sabría decirlo, es una cosa tan impalpable; tan cercano a la nada es lo que puede reducirnos a la nada. Pero amplía y enrarece ese vapor de un espacio tan pequeño como nuestro cuerpo natural a un cuerpo político, a un Estado; lo que en nosotros es humo es rumor en un Estado y esos vapores en nosotros, que tenemos aquí por humos pestilentes e infecciosos, en un Estado son rumores infecciosos, calumnias difamatorias y deshonrosas, libelos. El corazón en ese cuerpo es el rey, y el cerebro, su consejero; y la magistratura entera que une todo el conjunto son los músculos; y la vida de todos es el honor, el justo respeto y la debida reverencia; y por ello cuando esos rumores venenosos se dirigen contra esas partes nobles, el cuerpo entero sufre. Pero a pesar de todos sus privilegios, no se salvan de nuestra miseria; y al igual que los vapores más perniciosos crecen en nuestros cuerpos, los rumores más deshonrosos y que hacen más daño a un Estado crecen dentro de él. ¿Qué aire malsano habría podido tomar en la calle? ¿Qué alcantarilla, qué mataderos, qué montón de estiércol, qué desagües habrían podido hacerme tanto daño como estos vapores que han nacido en mí? ¿Qué fugitivo, qué mendigo de un Estado extranjero puede hacer tanto daño como un difamador, un calumniador, un bufón malvado del propio Estado? Pues como aquellos que escriben sobre venenos y criaturas predispuestas de forma natural a causar la ruina del hombre citan tanto a la pulga como a la víbora, ya que la pulga, si bien no mata a nadie, hace todo el daño que puede, lo mismo los bufones calumniadores y licenciosos sueltan todo el veneno que poseen, aunque la virtud a veces, y la fuerza siempre, sean una buena paloma para apartar el vapor de la cabeza e impedirle ser mortalmente nocivo.

Ingeniumque malum, numeroso stigmate, fassus pellitur ad pectus, morbique suburbia, morbus

La enfermedad declara la infección y su malignidad con manchas

DECIMOTERCERA MEDITACIÓN

Decimos que el mundo entero está compuesto de tierra y de mar como si estuviesen en situación de igualdad, pero sabemos que hay más mar en el hemisferio Oeste que en el hemisferio Este. Decimos que el firmamento está lleno de estrellas, como si estuviese lleno de forma equitativa, pero sabemos que hay más estrellas en el Polo Norte que en el Polo Sur. Decimos que los elementos del hombre son la miseria y la felicidad, como si se diese en él una proporción idéntica de ambos, y que los días del hombre son vicisitudes como si tuviese tanto días buenos como malos y viviese perpetuamente bajo un equinoccio, de noches y días iguales, y de buena y mala fortuna en la misma medida. Pero se está lejos de esto: bebe él la miseria y prueba la felicidad, siega la miseria y espiga la dicha, se aloja en la miseria y pasa por la felicidad, y, lo que es peor, su miseria es positiva y dogmática, su felicidad discutible y problemática: todos los hombres llaman miseria a la miseria, pero la felicidad cambia de nombre según los gustos del hombre. En este accidente que me ha tocado ahora, que esta enfermedad se declare maligna y peligrosa por sus manchas, si bien reconforta algo el que se haya manifestado, ya que los médicos así pueden ver con mayor claridad lo que deben hacer, no es menos incómodo el poder comprobar que al ser de una malignidad tan grande, lo que pueden hacer no surtirá efecto. Que un enemigo se manifieste cuando al mismo tiempo es capaz de sobrevivir, de emprender y de alcanzar sus objetivos no es de gran alivio. En las conspiraciones intestinas, las confesiones voluntarias son de mayor ayuda que las confesiones bajo tortura; en estas infecciones, cuando la propia naturaleza confiesa y proclama con declaraciones expresas lo que es capaz de producir por sí misma, éstas proporcionan alivio; pero cuando todo viene de la fuerza de los cordiales, es sólo una confesión bajo tortura, con la que se nos informa de la maldad de ese hombre, pero sin saber si hay tanta maldad en su corazón como había antes de la confesión: estamos seguros de su traición, pero no de su arrepentimiento, seguros de él, pero no de sus cómplices. Es de escaso consuelo saber lo peor cuando lo peor no tiene remedio, y de más escaso consuelo aún saber el mal sin saber que es el peor. A una mujer la reconforta el nacimiento de su hijo, su cuerpo se libera de una carga, pero si pudiese leer proféticamente la historia de él, el hombre enfermo, quizá el hijo enfermo que llegará a ser, ella recibiría una carga aún más grande en su mente. No hay compra que no vaya lastrada por incomodidades secretas; ni dicha que no tenga en sí rasgo de falsa y vil moneda. ¿Y no ocurre acaso lo mismo (en todo caso se acerca) con la práctica de las virtudes? Debo ser pobre y necesitado antes de poder practicar la virtud de la gratitud, miserable y atormentado antes de poder practicar la virtud de la paciencia. ¿Hasta dónde cavamos para un oro tan burdo? ¿Y qué otra piedra de toque tenemos para nuestro oro que no sea la comparación de saber si somos tan felices como otros, o como nosotros mismos en otros momentos? Mísera etapa hacia el bienestar es ésta si lo único que nos dicen estas manchas es que estamos peor de lo que habíamos creído.

Idque notant criticis medici evenisse diebus

Los médicos observan que esos accidentes se han producido en días críticos

DECIMOCUARTA MEDITACIÓN

No me gustaría volver al hombre peor de lo que es, ni su condición más miserable. Pero ¿podría hacerlo si quisiera? Igual que un hombre no puede adular a Dios ni alabarlo demasiado, un hombre no puede injuriar a un hombre ni subestimarlo. Así hay que hacer necesariamente que esté presente en su recuerdo que esas falsas dichas que tienen en el mundo tienen su tiempo, sus estaciones, sus días críticos, y que se juzgan según el momento en que nos llegan. ¿De qué pobres elementos están hechas nuestras dichas, si el tiempo, el tiempo al que difícilmente podemos considerar una cosa, forma parte esencial de nuestra felicidad? Todas las cosas se hacen en un lugar, pero si consideramos que el lugar no es más que la superficie aérea más cercana, ¡ay, qué cosa más fina y fluida es el aire, qué fina película una superficie y una superficie de aire! También todas las cosas se hacen en un tiempo, pero si consideramos que el tiempo no es otra cosa que la medida del movimiento, aunque parezca contener tres estados, el pasado, el presente y el futuro, resulta que el primero y el último no están (uno ya no está y el otro aún no ha llegado), y a lo que llamas presente no es ahora lo mismo que cuando empezaste a llamarlo presente en esta línea (antes de que hayas pronunciado esta palabra, «presente», y estas sílabas, «ahora», el presente y el ahora han pasado). Si esa cosa medio imaginaria, el tiempo, es esencial para nuestras dichas, ¿cómo podemos creer que son duraderas? El tiempo no lo es, ¿cómo creer que ellas lo son? El tiempo no lo es, y no lo es si lo consideramos en todos sus aspectos. Si pensamos en la eternidad, en ella el tiempo nunca ha entrado: la eternidad no es un flujo eterno de tiempo, sino que el tiempo es un corto paréntesis dentro de un largo periodo; y la eternidad habría sido tal como es incluso si el tiempo no hubiese existido nunca. Si consideramos no la eternidad sino la perpetuidad, no lo que no empezó en el tiempo, sino lo que sobrevivirá al tiempo y estará cuando el tiempo no esté, ¡qué minuto es la vida de la más longeva de las criaturas comparada con ella! ¡Y qué minuto es la vida del hombre respecto a la del sol o de un árbol! Y, sin embargo, ¿en qué pequeña parte de nuestra vida tenemos la ocasión, la oportunidad de acoger el bien? ¿Y qué pequeña parte de esta ocasión recibimos y cogemos? ¡Qué red enredada y compleja es la de la felicidad del hombre aquí abajo, que debe construirse con cuidado para asir esta ocasión, que sólo es una pequeña parte de lo que no es nada, el tiempo! Y sin embargo las cosas mejores no son nada sin él. Los honores, los placeres, las posesiones, cuando nos llegan en mal momento, en nuestra edad de declive, de hastío y de insensibilidad, pierden su función y su nombre. No son honores para nosotros los que no aparecerán nunca bajo la mirada del pueblo, para recibir el honor de los que lo dan, ni placeres para nosotros, que hemos perdido los medios para probarlos, ni posesiones para nosotros, que nos separamos de nuestras posesiones. La juventud es su día crítico; ella es quien los juzga, quien los designa, quien los anima e informa, quien les hace los honores, los disfruta y los posee; y cuando alcanzan una edad poco receptiva, llegan como un cordial cuando suena la campanilla, como un perdón cuando se corta la cabeza. Nos alegramos del fuego reconfortante, ¿pero le seguirá pareciendo así a un hombre en pleno verano? Nos complace el frescor de un sótano, ¿pero pasará ahí un hombre la Navidad? ¿Se aprecian los placeres de la primavera en otoño? Si la felicidad está en la estación o en el clima, entonces, ¡cuánto más felices son los pájaros que los hombres, que pueden cambiar de clima y así disfrutar siempre de la misma estación y acompañarla!

Interea insomnes noctes ego duco, diesque	No duermo de día ni de noche

DECIMOQUINTA MEDITACIÓN

Los hombres naturales han concebido un doble uso del sueño: como regeneración del cuerpo en esta vida y preparación del alma para la próxima; como fiesta y descanso de la fiesta; es nuestro recreo y nos divierte, y es nuestro catecismo y nos instruye. Nos acostamos esperando volvernos a levantar más fuertes, y nos acostamos sabiendo que podríamos no volver a levantarnos. El sueño es un opiáceo que nos da reposo, mas un opiáceo tal que quizá, estando bajo sus efectos, no nos despertaremos nunca más. Pero a pesar de que los hombres naturales, que han inducido a consideraciones secundarias y simbólicas, hayan descubierto este segundo uso, emblemático, que sería el de representación de la muerte, Dios, que trabajó y concluyó su trabajo antes de que la naturaleza lo comenzase (pues la naturaleza no era más que su aprendiz durante los siete primeros días, y es ahora su capataz y trabaja a su lado), Dios, decía, concibió el sueño sólo para la regeneración del hombre mediante el reposo del cuerpo, y no para representar a la muerte, pues no había concebido entonces a la propia muerte. Pero al haber llamado el hombre a la muerte para sí mismo, Dios se hizo cargo de esa criatura del hombre, la muerte, y la enmendó; y mientras que en sí misma tiene una forma y un aspecto temibles, hasta tal punto que el hombre se asustó de su propia criatura, Dios se la presenta con esa forma familiar, habitual, agradable y aceptable que es el sueño, de manera que cuando se despierte de su sueño y se diga: «¿Seré diferente en algo cuando esté muerto de lo que era cuando estaba dormido?», pueda avergonzarse de sus sueños despierto y de haber imaginado en su melancolía una figura horrible y espantosa de esa muerte que se parece tanto al sueño. Así, igual que necesitamos el sueño para vivir completamente nuestros setenta años, necesitamos la muerte para vivir esta vida a la que no podemos sobrevivir. Y al igual que, siendo la muerte nuestro enemigo, Dios nos permite defendernos de ella (pues nos avituallamos contra ella dos veces al día, cada vez que comemos), así, al habernos vuelto Dios más dulce la muerte con el sueño, nos echamos en brazos de nuestro enemigo una vez al día, en la medida en que el sueño es la muerte; y tan muerte es el sueño como es vida la comida. Esto es pues la miseria de mi enfermedad: que la muerte, que se produce en mí, que es mi propia criatura, está ante mis ojos, pero no puedo verla con la forma con la que Dios la ha dulcificado y vuelto aceptable en el sueño: ¿cuántos prisioneros, que han cavado ellos mismos su tumba en esta tierra en la que se han tendido con sus pesadas cadenas, están, sin embargo, en este momento, dormidos mientras hacen su propia tumba con su propio peso? No obstante, aquel que ha visto morir a su amigo o que lo va a ver morir hoy, o que sabe que lo verá morir mañana, se quedará dormido mientras tanto. Yo no puedo, ay de mí, si entro ahora en la eternidad, donde ya no se distinguirán las horas, ¿por qué no hago ahora otra cosa que no sea contar las horas?, ¿por qué nada de la pesadez del corazón me llega a los párpados para que, por fin, caigan como lo hace el corazón? ¿Y por qué, puesto que ningún objeto me produce ya placer, no puedo interrumpir la facultad de verlos cerrando los ojos en el sueño?; pero ¿por qué no, estando a punto de entrar en esa presencia en la que permaneceré en vigilia continuamente y no dormiré nunca más, interpretar más bien mi continua vigilia aquí abajo como un parasceve y una preparación para aquélla?

Et properare meum clamant,
e turre propinqua,
obstreperae campanae aliorum
in funere, funus

Con las campanas de la iglesia
vecina se recuerda cada día
mi entierro en el funeral de
los demás

DECIMOSEXTA MEDITACIÓN

Tenemos un autor que nos viene muy bien, Magius, que escribió un *Tratado sobre las campanas* cuando estaba preso en Turquía. Cómo se habría extendido, si hubiese sido mi compañero de celda en esta cama de enfermo, tan cerca de este campanario que no se detiene nunca, no se detiene más que la armonía de las esferas, pero se oye mejor. Cuando los turcos tomaron Constantinopla, fundieron las campanas para convertirlas en piezas de artillería; he oído a la vez las campanas y las piezas de artillería, pero éstas nunca me afectaron tanto como las campanas. Me he hallado al lado de un campanario en el que, dicen, hay más de treinta campanas, y al lado de otro en el que hay una tan grande que el badajo, dicen, pesa más de seiscientas libras, pero nunca me afectaron tanto como aquí. Aquí las campanas no pueden anunciar los funerales de una persona a la que no haya conocido o que no hubiese sido mi vecino; vivíamos en casas cercanas una de otra antes, pero ahora se ha ido a esa casa a la que debo seguirlo. Existe una manera de corregir a los niños de los grandes de este mundo, la de corregir a otros niños de su parte y en su nombre, y eso actúa sobre los que verdaderamente lo habrían merecido. Y cuando esas campanas me dicen tan pronto que han enterrado a una persona como que han enterrado a otra, ¿no tengo que reconocer que han pagado la deuda que yo debo? Está la historia de esas campanas de un monasterio, que, en cuanto alguno de los residentes estaba mortalmente enfermo, doblaban espontáneamente, y se sabía con esa señal que el peligro era inevitable. Doblaron una vez que ningún hombre estaba enfermo, pero al día siguiente uno de los residentes cayó del campanario y murió, y las campanas conservaron su fama de profetas. Si no tuviesen a nadie por quien doblar estas campanas que anuncian ahora un funeral, ¿no podría yo, en el momento del funeral, ser ése por quien lo hacen? Entre tantos hombres que asisten a una ejecución, si preguntasen por qué muere ese hombre, ¿cuántos oirían sus propias faltas condenadas y se verían ejecutados por procuración? Nunca oímos hablar del ascenso de un hombre sin pensar que nosotros habríamos podido muy bien ser ese hombre. ¿Por qué no habría podido ser yo ese hombre al que llevan ahora a su tumba? ¿Podría adaptarme a estar de pie o a sentarme en el lugar de cualquiera, pero no a yacer en la tumba de cualquiera? Puede que carezca de muchos de los buenos rasgos de los hombres más viles, pero no me falta nada de lo que se refiere a la mortalidad de los más débiles; pueden haber adquirido mejores capacidades que yo, pero nací con tantos defectos como ellos. En materia de yacer en una tumba como titular, de ser doctor enseñando la mortificación con el ejemplo, muriendo, a pesar de que aún tenga superiores (otros pueden ser mayores que yo), he progresado rápidamente, en una buena universidad, y recorrido un largo camino en poco tiempo, por el avance de una fiebre violenta; y sea quien sea aquel al que se lleven bajo tierra estas campanas hoy, si ayer nos hubiesen comparado a él y a mí, quizá me habrían preferido a mí más que a él. Dios se ha quedado con el poder de la muerte en sus manos para que ningún hombre haya de sobornar a la muerte. Si el hombre supiese el beneficio de la muerte, la comodidad de la muerte, él la requeriría, la incitaría a asistirlo con todos los medios de que dispone. Pero, así como cuando los hombres ven que son nombrados muchos otros de su profesión, nace en ellos la esperanza de que también les llegue a ellos un nombramiento, cuando estas campanas me hablan, llegada la hora del funeral, de hombres como yo, surge un alivio, si no un deseo, con la idea de que el mío se acerca.

Nunc lento sonitu dicunt, morieris

Ahora, esas campanas que doblan despacio por otro me dicen: «Debes morir»

DECIMOSÉPTIMA MEDITACIÓN

Quizá aquél por el que doblan esas campanas está tan enfermo que no sabe que doblan por él; y quizá yo creo que me encuentro mucho mejor de lo que estoy, de manera que los que me rodean y ven mi estado han hecho que doblen por mí, y yo no lo sé. La Iglesia es católica, universal, así son todas sus acciones; todo lo que hace es de todos. Cuando bautiza a un niño, esa acción me concierne, pues ese niño se une entonces a esa cabeza que es también mi cabeza y se implanta en ese cuerpo del que soy miembro. Y cuando entierra a un hombre, esa acción me concierne: toda la humanidad es de un mismo autor y está en un mismo volumen. Cuando un hombre muere, no se arranca ese capítulo del libro, sino que se traduce a un lenguaje mejor; y cada capítulo debe traducirse así; Dios utiliza varios traductores; determinados fragmentos los traduce la vejez, y otros la enfermedad, algunos la guerra, otros la justicia; pero la mano de Dios está en cada traducción; y su mano ensamblará de nuevo todas nuestras hojas sueltas, en esa biblioteca en la que todos los libros estarán abiertos unos al lado de otros. Así, igual que las campanas que tocan a plegaria no llaman solamente al sacerdote sino a toda la congregación, también esas campanas nos llaman a todos, pero más a mí, a quien esta enfermedad conduce tan cerca de la puerta. Hubo un contencioso que llegó a ser proceso judicial (en el que tanto la piedad como el honor, tanto la religión como la opinión se mezclaron): saber qué orden religiosa debía tocar primero las oraciones del alba, y se decidió que tocarían primero las campanas de aquellos que se levantasen más temprano. Si entendemos bien la dignidad de esas campanas que tocan para nuestras oraciones vespertinas, seremos felices al hacerlas nuestras levantándonos temprano, con la esperanza de que sean tan nuestras como de aquél a quien en realidad pertenecen. Las campanas doblan verdaderamente por aquel que piensa que lo hacen por él, y a pesar de que se vuelvan a detener, desde el instante en que este hecho tiene un efecto sobre él, queda unido a Dios. ¿Quién no eleva los ojos al sol cuando se levanta? Pero ¿quién aparta la mirada de un cometa cuando aparece? ¿Quién no presta oídos a unas campanas que doblan por cualquier acontecimiento? Pero ¿quién puede apartarlos de las campanas que hacen que se vaya una parte de sí mismo fuera de este mundo?

Ningún hombre es una isla, completa en sí misma; cada hombre es un pedazo del continente, una parte del todo; si el mar se lleva un trozo de tierra, Europa mengua, como si fuese un promontorio, como si fuese la casa solariega de tus amigos o la tuya. La muerte de cualquier hombre me disminuye, pues soy parte de la humanidad. Y, por lo tanto, nunca mandes a nadie preguntar por quién doblan las campanas, pues doblan por ti. Y no podemos llamarle a eso mendigar miseria o pedir miseria prestada, como si no fuésemos bastante miserables por nosotros mismos, y debiéramos tomar más de la casa de al lado, apropiándonos de la miseria de nuestros vecinos. En realidad, sería una codicia excusable si lo hiciéramos, pues la aflicción es un tesoro, y no hay hombre que tenga bastante. Ningún hombre tiene suficiente aflicción si no ha madurado y se ha perfeccionado gracias a ella, y preparado para Dios mediante esta aflicción. Si un hombre lleva un tesoro en lingotes o en monedas, pero no lo ha acuñado en moneda de uso corriente, su tesoro no le servirá durante sus viajes: la tribulación es un tesoro por su naturaleza, pero no es moneda de uso corriente que se pueda utilizar, solamente cuando por ella nos acercamos mucho a nuestro domicilio, el paraíso. Otro hombre puede estar también enfermo, y enfermo de muerte, y esta aflicción puede enterrarse en sus entrañas, como el oro en la mina, y no serle de ninguna utilidad; pero esas campanas que me hablan de su aflicción desentierran ese oro y me lo transmiten; considerando el peligro de otro, logro contemplar el mío, y así me protejo recurriendo a mi Dios, que es nuestra única protección.

At inde mortuus es, sonitu celeri, pulsuque agitato

Doblan las campanas y me dicen que estoy muerto

DECIMOCTAVA MEDITACIÓN

Doblan las campanas; han cambiado de ritmo, antes se oían a un ritmo débil e intermitente, ahora a un ritmo más fuerte, dando muestras de más y mejor vida. Se ha ido su alma y, como un hombre que hubiese firmado un contrato de mil años después de vencerle un contrato de corta duración, o recibiese una herencia después de una vida de hombre tísico, toma entonces posesión de su mejor fortuna. Su alma se ha ido, ¿pero dónde? ¿Quién la ha visto entrar y quién la ha visto salir? Nadie. Y, sin embargo, todo el mundo sabe que había una y que ya no está. Si le pregunto a los filósofos puros lo que es el alma, habrá quienes me digan que no hay nada más que el equilibrio, la armonía y la composición justa y equitativa de los elementos en el cuerpo, que eso es lo que produce todas esas facultades que le atribuimos al alma, y que por lo tanto en sí misma no es nada, no es ninguna sustancia que sobreviva al cuerpo. Ven que el alma no es nada más que eso en las criaturas, y fingen una humildad impía situando tan bajo al hombre. Pero si mi alma no fuese algo más que el alma de un animal, no podría pensar esto: esta alma que puede reflexionar sobre sí misma y observarse a sí misma es más que eso. Si pregunto, no a los que son solamente filósofos, sino a los hombres del vulgo, a los teólogos filósofos, cómo puede el alma, siendo una sustancia distinta, entrar en el hombre, habrá unos que me dirán que es por generación, por procreación de los padres, porque consideran difícil imputarle al alma la culpabilidad del pecado original, si el alma se hubiese infundido en un cuerpo en el que debiese forzosamente envilecerse, y contraer el pecado original, lo quiera o no; y habrá otros que me dirán que es por infusión inmediata de Dios, porque consideran difícil sostener la inmortalidad de un alma engendrada así y emanada junto con el cuerpo de padres mortales. Si pregunto, no a algunos hombres sino a entidades enteras, a Iglesias enteras, lo que ocurre con las almas de los justos al separarse del cuerpo, obtendré de algunos la respuesta de que reciben una expiación, una purificación en un lugar de tormentos; de otros, que reciben el gozo de la visión de Dios en un lugar de reposo, pero de espera, y otros dirán que pasan a disfrutar de forma inmediata de la presencia de Dios. San Agustín estudió la naturaleza del alma teniendo sólo en cuenta su salvación; envió un mensaje expreso a san Jerónimo para consultarle ciertas cosas respecto al alma, pero se contentó con lo siguiente: «Que la partida de mi alma hacia la salvación sea evidente para mi fe, y me preocupará menos lo que tiene de oscuro la entrada de mi alma en mi cuerpo para mi razón». Nos interesa más la salida que la entrada. Esa alma, esas campanas me dicen que se ha ido, ¿pero dónde?, ¿quién me lo dirá? No sé quién es, menos aún quién era: la condición del hombre y el curso de su vida, no conozco a quienes deberían decirme dónde se ha ido. Yo no estaba allí durante su enfermedad, ni en su muerte; no he visto ni su camino ni su final, y no puedo interrogar a los que lo han visto para decidir o discutir sobre dónde se ha ido. Pero tengo algo más cercano a mí que todos esos, mi propia caridad; la interrogo y me dice: «Se ha ido hacia el reposo, la dicha y la gloria eternos». Le debo un juicio favorable: no es más que caridad agradecida en mí, pues me ha beneficiado e instruido cuando han doblado sus campanas, y al estar mucho mejor preparado para rezar por esa disposición creada gracias a su mediación, he rezado por ella; y no rezo sin fe, pues creo caritativamente, y creo sinceramente que su alma se ha ido hacia el reposo, hacia la dicha y hacia la gloria eternos. Pero respecto al cuerpo, ¡qué cosa tan desdichada es! No podemos expresarlo con la misma rapidez con que empeora. Este cuerpo que no hace ni tres minutos era una morada tal que esta alma que sólo ha dado un paso hacia el paraíso no estaba completamente convencida de abandonarlo por el paraíso, este cuerpo ha perdido el nombre de morada habitable, ya que nadie vive en él, y se apresura a perder el nombre de cuerpo y a disolverse hasta la putrefacción. ¿Quién no se impresionaría al ver un río tranquilo y transparente por la mañana volverse una cloaca de agua fangosa a mediodía y ser condenado a la sal del mar por la noche? Pero ¡qué pobre es esta imagen, qué representación tan pálida de la precipitación del cuerpo del hombre hacia la disolución! Todas sus partes edificadas y unidas por el amor de un alma ahora sólo son una estatua de barro, o miembros derretidos, como si ese barro no fuese más que nieve, y la morada sólo un puñado de tierra, un poco de polvo y un montón de escombros, unos cuantos huesos. Si este que, como me dicen esas campanas, ahora se ha ido era un excelente artesano, ¿quién irá a él ahora para un abrigo o un traje? ¿O para una consulta si era abogado? ¿O para un asunto de justicia si era magistrado? El hombre, antes de tener un alma inmortal, tiene un alma sensible y, antes de ésta, un alma vegetativa. Esa alma inmortal no ha impedido que las otras almas estén antes en nosotros, pero cuando esta alma se va, se lo lleva todo con ella; no queda vegetación, no queda sensación, hasta ese punto la tierra es una madrastra respecto a nuestra madre natural; hemos crecido en su seno y, cuando nos dio a luz, se nos implantó en determinado lugar y con determinada vocación en el mundo; en el seno de la tierra, decrecemos, y cuando nos pare nuestra tumba se abre para otro; no se nos trasplanta sino que se nos transporta, nuestro polvo se lo llevan lejos el polvo profano y todos los vientos.

Oceano tandem emenso,
aspicienda resurgit terra;
vident, justis, medici,
jam cocta mederi se pose, indiciis

Al final los médicos, después
de un largo y peligroso viaje,
ven la tierra; tienen tan
buenas señales de curación
que pueden proceder de
manera segura a la purga

DECIMONOVENA MEDITACIÓN

Durante todo este tiempo los propios médicos han sido pacientes, han esperado pacientemente el momento en el que verían algún país en ese mar, alguna tierra, alguna nube, alguna indicación de mejunje en esas aguas. Cualquier desorden que surja en mí, cualquier intervención por su parte refuerzan la enfermedad: deben esperar hasta que llegue la estación de la enfermedad, hasta que haya madurado por sí misma, y entonces puedan cogerla de la mano y recibirla antes de que se caiga; pero no pueden apresurar la maduración. ¿Por qué deberíamos buscar esto en una enfermedad, que es el desorden, la discordia, la irregularidad, la conmoción y la rebelión del cuerpo? No sería una enfermedad si pudiese ser ordenada y someterse a nuestra temporalidad. ¿Por qué deberíamos buscar esto en el desorden, en una enfermedad, cuando no podemos encontrarlo en la naturaleza, que es tan regular y tan fértil, tan proclive a llevar su obra hasta la perfección y la luz? Pues no podemos despertar a las flores de julio en enero, ni retrasar las flores de primavera hasta el otoño. No podemos obligar a que se den los frutos en mayo ni a las hojas que no caigan hasta diciembre. Una mujer que se siente débil no puede prolongar su noveno mes hasta un décimo para el parto y decir que espera sentirse más fuerte, y una reina no puede acortarlo al séptimo mes por estar preparada para otro nuevo placer. La naturaleza (si buscamos efectos duraderos y vigorosos) no admite prevenciones, ni anticipaciones ni obligaciones; pues son restricciones, y conservará su libertad. No se podría estimular ni forzar a la naturaleza a aminorar su ritmo; al poder tampoco, al poder humano; tampoco a la grandeza le gusta este tipo de violencia. Están los que dan e imparten la justicia, que perdonan, pero que tienen sus propias estaciones para ello, y el que no las conoce estará hambriento antes de que lo salve el perdón. Hay algún árbol que no da fruto si no se abona mucho a su alrededor, y la justicia no la imparten algunos hombres mientras no se los ceba con riqueza; ciertos árboles exigen muchos cuidados, mucho riego y mucho trabajo, y ciertos hombres sólo dan sus frutos si se les importuna; ciertos árboles requieren incisión, poda y tala, a ciertos hombres hay que amenazarlos y controlarlos con compromisos antes de que den los frutos de la justicia; ciertos árboles requieren sol matutino y frecuente, ciertos hombres sólo se abren mediante favores y cartas de recomendación de la corte; a ciertos árboles hay que resguardarlos y protegerlos en el interior, ciertos hombres no solamente encierran su liberalidad sino también su justicia y su compasión hasta que la solicitud de una mujer, de un hijo o de un amigo o de un criado den una vuelta a la llave. La recompensa es para un hombre la sazón y para otro lo es la importunidad; el miedo es la sazón para un hombre y el favor lo es para otro; la amistad es la sazón de un hombre, y la afección natural la de otro; y aquel que no conoce su sazón ni la puede esperar debe perder los frutos. Como a la naturaleza, al poder y a la grandeza no se les puede imponer cambiar la sazón: ¿e iremos a buscar esa satisfacción en una enfermedad o pensaremos en deshacernos de ella antes de que esté madura? Pues durante todo este tiempo sólo hacemos una guerra defensiva, y no es más que un estado incierto, especialmente cuando los que son asediados conocen sus mejores defensas y no conocen los peores poderes de su enemigo, cuando no pueden reparar sus efectos en el interior y el enemigo puede aumentar sus tropas en el exterior. ¡Pero cuántos que, siendo mucho más miserables y mucho más dignos de ser menos miserables que yo, son asediados por esta enfermedad y no tienen a sus centinelas y a sus médicos para estar al acecho, y no tienen sus municiones, sus cordiales, para defenderse, y perecen antes de que el debilitamiento del enemigo haya podido incitarlos a salir, antes de que la enfermedad haya manifestado declive alguno o haya ofrecido alguna manera de actuar sobre ella! En mí el asedio ha cedido tanto que podemos tomar las armas, y morir así, si muero, en el campo de batalla y no en prisión.

Id agunt	Tras esas indicaciones de materia digerida, proceden a la purga

VIGÉSIMA MEDITACIÓN

A pesar de que el consejo parece consistir más bien en elementos espirituales que en acción, es la acción la que constituye el espíritu y el alma del consejo. Los consejos no acaban siempre en resolución, no podemos decir siempre: esto se ha concluido; las acciones acaban siempre en efectos, podemos decir: esto se ha hecho. Por eso las leyes tienen su reverencia y su majestad cuando vemos al juez ejecutarlas en el tribunal. Por eso los consejos de guerra tienen su prestigio y su eficacia cuando vemos estampado el sello del ejército. Era una forma que tenían los antiguos de celebrar la memoria de los que habían merecido que el Estado les concediese ese tipo de representación estatuaria llamada entonces un Hermes, que era la cabeza y los hombros de un hombre de pie sobre una peana, con los hombros sin brazos ni manos. En realidad, representaba el apoyo constante del Estado mediante sus consejos, pero con este jeroglífico, que hacían sin manos, querían simplemente expresar que el consejero no podía tener manos para que no pudiese tender la mano a las tentaciones externas de corrupción respecto a los consejos, y que no era necesario que la cabeza tuviese que utilizar su propia mano, o que el mismo hombre que había participado en el consejo pudiese contribuir a la ejecución; mas que no debiese tener manos cada cabeza, ni cada consejo una acción, eso no se tuvo nunca tan en consideración como en estas figuras y estas representaciones. Pues igual que el matrimonio no puede llamarse matrimonio en el caso de que haya una resolución contra los frutos del matrimonio, contra la procreación de hijos, igualmente los consejos no son consejos sino ilusiones en el caso de que en un principio no haya intención alguna de llevar a la práctica las consecuencias de dichos consejos. Las artes y las ciencias se relacionan más propiamente con la cabeza, es su elemento y su esfera propia; pero el arte de probar, la lógica, y el arte de convencer, la retórica, se comparan con la mano. Aquélla se expresa con una mano cerrada en un puño, y ésta con una mano abierta y extendida. El poder del hombre y el poder del propio Dios se representan siempre así: «Todas las cosas están en sus manos»; y Dios es designado más a menudo por la ejecución del consejo que por los nombres que lleva nuestra consideración sobre el consejo. Es llamado con mayor frecuencia el Señor de los Ejércitos que ningún otro nombre que pueda referirse a otro significado. Así que de ahí volvamos a nuestra meditación sobre la condición escurridiza del hombre, cuya felicidad, sea cual sea, si carece de uno solo de sus elementos, se viene abajo, y necesita todas las piezas para sostenerse. Sin consejos no habría llegado tan lejos, sin acción ni práctica, no debería ir más lejos hacia la santidad. Pero ¿cuál es la acción necesaria en este momento?

La purga: una retirada, una violación de la naturaleza, un debilitamiento suplementario; ¡qué precio tan alto!, ¡qué extraña forma de sumar realizando una sustracción, de restaurar la naturaleza violándola, de dar fuerzas aumentando la debilidad! ¿No estaba enfermo antes? ¿Reconforta oír esta pregunta ahora?: «¿Tu tratamiento te ha hecho ponerte enfermo?». He aquí otro nivel en el que podemos situarnos para penetrar más profundamente en la miseria del hombre: la ocasión, la sazón de su miseria. Esto debe hacerse ahora. Oh, miseria del hombre, demasiado hábil, demasiado al acecho, demasiado diligente y demasiado sociable, que sólo viene sola para acompañar otras miserias, para que así se exalten unas a otras y se fortalezcan. Estoy clavado en el suelo para la atenuación y debo proceder a la evacuación, todo esto para la exinanición y la aniquilación.

Atque annuit ille, qui, per eos, clamat, linquas jam, lazare, lectum

Dios favorece su práctica, y gracias a ellos llama a Lázaro fuera de su tumba y a mí fuera de mi cama

VIGÉSIMO PRIMERA MEDITACIÓN

Si en el comienzo el hombre hubiese estado solo en este mundo, ¿habré de pensar que no habría fracasado? Si no hubiese habido mujer, ¿el hombre no habría llegado a ser su propio tentador? Cuando lo veo ahora, sujeto a infinitas debilidades, cometiendo infinitos pecados, sin ninguna tentación externa, ¿he de pensar que no habría tenido ninguna si hubiese estado solo? Dios vio que el hombre necesitaba ayuda para estar bien, pero para que la mujer estuviese mal el diablo vio que no necesitaba a un tercero. Cuando Dios y nosotros estuvimos solos en Adán, no fue suficiente; cuando el diablo y nosotros estuvimos solos en Eva, fue suficiente. ¡Ay, qué gigante es el hombre cuando lucha contra sí mismo, y qué enano cuando reclama o se ayuda a sí mismo! No puedo levantarme de la cama si el médico no me lo autoriza; no, no puedo ni siquiera decir que soy capaz de levantarme sin que me lo diga. No hago nada, no sé nada por mí mismo. ¡Qué pequeña y qué impotente porción del mundo es un hombre solo! ¡Y qué porción aún más insignificante de él mismo es este hombre! Tan pequeña que cuando ocurre (y ocurre a veces) que más miseria y más opresión sería un alivio para el hombre, no puede darse ese miserable suplemento de miseria: un hombre que se apresura hacia la muerte y podría aliviarse con más peso no puede poner ese peso sobre él; puede pecar solo y sufrir solo, pero no puede arrepentirse ni ser absuelto sin otro. Otro me dice que puedo levantarme y lo hago. Pero ¿levantarse es siempre una elevación? ¿O toda elevación presente es una estación? Soy más propenso a caerme al suelo ahora que estoy de pie que antes cuando estaba tumbado. ¡Oh, vía perversa, movimiento irregular del hombre, incluso incorporarse es una vía hacia la ruina! ¿Cuántos hombres son ascendidos y no ocupan la plaza para la que han sido ascendidos? Ni un solo rincón de una plaza puede estar vacío; no puede haber vacío, si ese hombre no ocupa la plaza, otros hombres lo harán, las quejas de su insuficiencia la llenarán. Hay incluso tal horror al vacío en la naturaleza, que si un hombre se imagina un espacio vacío, lo llenará con lo que, por otra parte, no es más que imaginación, es decir, el rumor y la voz, y se anunciará (sin ningún otro fundamento que la imaginación, y quién sabe la imaginación de quién) que se ha corrompido y es insuficiente para el puesto y que otro se prepara para sucederle. Ocurre que un hombre se levanta y no se tiene de pie porque no ocupa su puesto o no se supone que lo hace, y ocurre que no se tiene de pie porque sobrepasa su puesto; puede aportar tanta virtud, tanta justicia, tanta integridad a ese puesto que lo estropea y lo sobrecarga; su integridad puede ser un libelo contra su antecesor, y atraer sobre él la infamia, o ser un peso para su sucesor al tomarse como ejemplo, y acarrear una depreciación del puesto y la incertidumbre en el mercado. Estoy de pie, parece que estoy quieto, pero doy vueltas en redondo, y soy un nuevo argumento de la nueva filosofía, que la Tierra gira: ¿por qué no creer que toda la Tierra gira aunque parezca estar quieta, cuando parece que estoy quieto conmigo mismo mientras me transporta un vertiginoso movimiento circular cuando estoy de pie? El hombre no tiene otro centro que la miseria, ahí y sólo ahí está fijo y seguro de encontrarse. Por poco que se eleve, se bambolea y hace movimientos circulares vertiginosos; y como en el cielo hay pocos círculos que dan la vuelta al universo pero muchos epiciclos y otros círculos pequeños, pero círculos al fin y al cabo, así entre los hombres que se elevan y se sitúan en círculos, pocos se mueven de puesto en puesto, y pasando por muchos puestos privilegiados, sin caer en pequeños círculos, y en un paso o dos llegan a su final, y no tan bien como estaban en el centro del que se elevaron. Todo sirve para ejemplificar e ilustrar la miseria del hombre, pero no necesito ir más allá de mí mismo: durante mucho tiempo, no he podido levantarme, al final, otros han debido levantarme, y ahora estoy de pie, estoy preparado para hundirme más a fondo que antes.

Sit morbi fomes tibi cura

Los médicos consideran la raíz y la ocasión, las brasas, el carbón, y tiran de la enfermedad, e intentan purgar o corregir todo eso

VIGÉSIMO SEGUNDA MEDITACIÓN

¡De qué finca en ruinas se ha hecho cargo el hombre encargándose de sí mismo! ¡Todos los días la casa a punto para hundirse, todo el suelo cubierto de malas hierbas, todo el cuerpo de enfermedades! Aquí, no solamente cada pedazo de césped, sino cada piedra tiene malas hierbas, no sólo cada músculo de la piel, sino cada hueso del cuerpo tiene alguna dolencia. La mínima piedra tallada sobre la superficie de ese suelo tiene alguna hierba infecciosa, cada diente de nuestra dentadura causa tal dolor que un hombre robusto tiene miedo, pero se avergüenza de este dolor, de esa idea del dolor. ¡Qué caro es el alquiler que de forma tan frecuente debe pagar el hombre por esa finca! ¡Paga dos veces al día, come dos comidas, y qué poco tiempo tiene para pagar el alquiler! ¡Cuántos días festivos para apartarlo de su trabajo! Todos los días la mitad festivos, la mitad se pasan durmiendo. ¡A qué arreglos, gravámenes y contribuciones está sujeto además del alquiler! ¡A qué medicamentos además de su dieta! ¡Y a cuántos ocupantes debe recibir de buen grado además de a su familia! ¡Cuántas enfermedades infecciosas que proceden de otros hombres! Adán pudo tener el paraíso para darle forma y conservarlo, y así su alquiler no le pedía un trabajo que le costase el sudor de su frente, y sin embargo, lo abandonó; ¡qué alquiler tan caro pagamos por esta finca y este cuerpo, pagando nosotros mismos la propia finca y sin poder vivir en ella! Y nuestro trabajo no ha acabado una vez que hemos cortado alguna mala hierba al crecer o frenado algún acceso violento y peligroso de una enfermedad que podría haber sido rápidamente destructiva, ni una vez que hayamos arrancado de raíz esa mala hierba, nos hayamos recuperado por completo y estemos sanos después de esta particular enfermedad, pues todo el terreno es de mala calidad, todo el suelo tiene una mala propensión; hay una inclinación, hay una tendencia a las enfermedades en el cuerpo, en el cual, sin que exista ningún desorden exterior, brotan enfermedades, por lo que estamos obligados a una labor continua en esta finca, a un estudio continuo de la complejidad y de la constitución de nuestro cuerpo. Entre los defectos y las enfermedades del suelo, acidez, sequedad, humedad, toda clase de esterilidad, el remedio y el medicamento están la mayor parte de las veces en ellos mismos. A veces su propia situación los alivia: la cima de una colina purgará y descargará su propia humedad nociva, y la quema de la superficie de una tierra (como la cura por cauterización) rejuvenece y vigoriza ese suelo, y nace una especie de Fénix de esas cenizas, fructifica lo que antes era estéril, y gracias a lo más estéril de todo: las cenizas. Y donde el terreno no puede dar por sí mismo el medicamento, recibe un medicamento de otras tierras, de otros suelos, que no se estropean por haber prestado esta ayuda, marga de otras colinas, arena limosa de otras riberas: los terrenos se ayudan a ellos mismos y no perjudican a los terrenos de los que reciben ayuda. Pero me he hecho cargo de una finca de alquiler alto y con una gravosa cláusula, que no se puede prestar ninguna ayuda (ninguna parte de mi cuerpo, si estuviese amputada, curaría otra parte; a veces podrá salvar una parte sana, pero en ningún caso reconstituir una parte infectada), y si mi cuerpo puede recibir algún medicamento, algún remedio de otro cuerpo de un hombre, de la carne de otro hombre (como una momia o algo parecido), debe ser de un hombre que esté muerto, no como los suelos que no se estropean por haber dado su marga o su limo graso a mi terreno. No hay nada en el propio hombre para ayudar al hombre, nada en la humanidad para ayudarse a sí misma (de esta forma, con un medicamento) que no entrañe que quien aporta la ayuda está también en tan mal estado como lo estaría el que la recibe en el caso de no haberla recibido; pues aquel que con su cuerpo ha proporcionado el medicamento está muerto. Por eso cuando he cogido esta finca, cuando me he encargado de este cuerpo, me he encargado de drenar no un pantano sino un foso, en el que no había agua mezclada que tenía que extraerse sino que todo era agua; me he ocupado de la tarea de perfumar de estiércol un lugar en el que no una parte sino todo estaba sin sabor, me he propuesto volver salubre algo que no era veneno por alguna cualidad manifiesta, calor intenso o frío, sino veneno en toda su sustancia y en su forma específica. Curarse de los accesos agudos de las enfermedades es una ardua tarea; curarse de la propia enfermedad es una tarea aún mayor, pero curarse del cuerpo, de la raíz, de la causa de las enfermedades es una tarea reservada al gran médico, que no llega a lograr jamás de otra forma que no sea glorificando esos cuerpos en el otro mundo.

Metusque, relabi

Me advierten del terrible peligro de recaída

VIGÉSIMO TERCERA MEDITACIÓN

No se está en el cuerpo del hombre como en una ciudad, en la que después de que hayan tocado las campanas para apagar el fuego y rastrillar las brasas, podemos acostarnos y dormir sin temor. Aunque se hayan rastrillado las brasas de tu enfermedad con la dieta y los medicamentos, siempre existe el temor a la recaída, y el mayor peligro está en ella. Incluso en los placeres y en las penas, hay propiedad, un *meum et tuum*, y al hombre le afecta particularmente el placer que es suyo, suyo por haberlo disfrutado y sentido antes, y temeroso en especial de esos dolores que son suyos, suyos por haberlos experimentado cruelmente en las anteriores aflicciones. Una persona codiciosa, que ha utilizado todos sus sentidos, ejercitado todos sus talentos con el placer de acumular, se pregunta cómo un hombre puede sentir el más mínimo placer con la menor esplendidez o liberalidad; lo mismo en los dolores físicos, el paciente aquejado del mal de piedra se pregunta cómo un hombre puede llamar dolor a la gota; y el que no ha sufrido otro dolor que el dolor de muelas tiene tanto miedo de padecer este dolor como de padecer cualquier otro. Las enfermedades que no hemos sufrido nunca sólo suscitan compasión por los que las han tenido, y aun la propia compasión no alcanza un grado alto si no hemos experimentado en alguna medida sobre nosotros mismos el objeto de nuestros lamentos y de nuestro pesar por otro. Pero cuando hemos tenido nosotros esos tormentos en su grado más elevado, temblamos ante la idea de una recaída. Cuando hemos de sofocarnos por todos esos calores ardientes y nadar a través de todos esos sudores que rebosan, cuando debemos estar en vela a lo largo de todas esas largas noches y llorar a lo largo de todos esos largos días (noches y días tan largos, que la propia naturaleza parece estar pervertida y haber reunido al día más largo con la noche más larga, entre los que debería pasar un lapso de seis meses, en un largo día natural y a la vez tan poco natural), cuando debemos atenernos a la misma vara, esperar el regreso de los médicos de sus consultas y no estar seguros del mismo veredicto de algunas buenas indicaciones, cuando debemos recorrer aún el mismo camino y no ver la misma salida, estamos ante un estado, una condición, una calamidad respecto a los que cualquier otra enfermedad parece una convalecencia, y una más grave parece más leve. Esto se añade a la aflicción de que las recaídas se nos atribuyan (y la mayoría de las veces con razón) a nosotros mismos, al provocarlas algún desorden en nosotros; así, no estamos solamente pasivos, sino activos en nuestra propia ruina, no nos encontramos sólo bajo una casa que se hunde, nos la derribamos sobre nosotros; y no somos solamente ejecutados (lo que implica culpabilidad) sino que somos verdugos (lo que implica deshonor), y verdugos de nosotros mismos (lo que implica impiedad). Y perdemos el consuelo que podíamos tener en esa primera enfermedad, en esta meditación: «¡Ay, qué miserable es generalmente el hombre y qué sujeto está a las enfermedades!» (pues en esto hay cierto grado de consuelo, al encontrarnos en el estado común a todos), caemos, decía, en el desconsuelo, esta acusación de sí y esta condena de sí: «¡Ay qué poco previsor, y por ello ingrato con Dios y sus instrumentos, al hacer un uso tan malo de tan grandes favores, al destruir tan deprisa un trabajo tan largo, recayendo, debido a mi desorden, en aquello de lo que me habían salvado!»; y así, mi meditación se desplaza temerosamente del cuerpo al espíritu, de la consideración de la enfermedad a este pecado, este pecado de negligencia por el que he ocasionado mi recaída. Y entre todos los pesares que lastran una recaída, está también éste: que la recaída ataca con mayor rapidez, mayor violencia y más irremediablemente porque encuentra el campo debilitado y despoblado. Apenas podemos temer una enfermedad que no se presenta aún como tal, pues no sabemos de qué tener miedo; pero como el miedo es la afección más invasiva y más enojosa, la recaída (que está siempre preparada para aparecer) de lo que apenas acaba de irse es el objeto más próximo y el ejercicio más inmediato de esta afección del miedo.